책은 사랑과 땀방울로 만들어집니다.

이 도서를　　　　　님께 마음의 선물로 전합니다.

이 책은 모두가 반드시 읽어야 하도다!

삶의 의미와 깨달음을 주는 격언

21C
아다지아
ADAGIA

season 1

| 우스톤 박 편저 |

작가의 메모지	문해력의 현답
인류 지혜 보고	격언의 백과사전
4,778 명언의 향연	삶의 가치관 정립
별에 새긴 성현의 말씀	밥상머리 교육 지침

탈무드와 함께할 인생 지침서
사람은 사랑으로 산다

바른북스

21C
아다지아
ADAGIA *season 1*

초판 1쇄 발행 2024. 12. 18.

지은이 우스톤 박
펴낸이 김병호
펴낸곳 주식회사 바른북스

책임편집 주식회사 바른북스 편집부

등록 2019년 4월 3일 제2019-000040호
주소 서울시 성동구 연무장5길 9-16, 301호 (성수동2가, 블루스톤타워)
대표전화 070-7857-9719 | **경영지원** 02-3409-9719 | **팩스** 070-7610-9820

• 바른북스는 여러분의 다양한 아이디어와 원고 투고를 설레는 마음으로 기다리고 있습니다.

이메일 barunbooks21@naver.com | **원고투고** barunbooks21@naver.com
홈페이지 www.barunbooks.com | **공식 블로그** blog.naver.com/barunbooks7
공식 포스트 post.naver.com/barunbooks7 | **페이스북** facebook.com/barunbooks7

ⓒ 우스톤 박, 2024
ISBN 979-11-7263-200-7 03190

• 파본이나 잘못된 책은 구입하신 곳에서 교환해드립니다.
• 이 책은 저작권법에 따라 보호를 받는 저작물이므로 무단전재 및 복제를 금지하며,
  이 책 내용의 전부 및 일부를 이용하려면 반드시 저작권자와 도서출판 바른북스의 서면동의를 받아야 합니다.

머리말

우선, 이 책의 줄기를 타고 흐르는 사랑을 캐치하기 바랍니다. 생명을 존중하고, 꿈과 희망을 노래하며, 사랑을 전하려고 나름 애썼습니다. 5000년의 역사에서 베스트 오브 베스트만을 모아 정리하고 나니 좋은 일을 마친 소회로 기쁨을 느낍니다.

1500년 에라스무스는 그 시대까지의 속담과 관용구들을 격언집으로 만들어 고대 그리스, 로마로부터 르네상스 시대까지 이어지는 지혜들을 펼쳐 보였습니다. 「고전 격언집(Collectanea Adagiorum)」이라는 제목의 이 책(표지그림 인용)은 처음에는 800개 격언으로 출판하였으나, 최종판은 4,151개로 확장되었습니다. Adagia는 라틴어의 격언(Adagioum)의 복수 명사입니다. 라틴어의 Collectanea는 발췌, 선집이란 뜻을 지닙니다.

고전에도 이솝(BG 6세기)과 라퐁텐(1621~95), 크릴로프(1769~1844)의 우화집이 있습니다. 또한 공자(BC 551~479), 맹자(BC 372~289), 세네카(BC 4년~ AD 65), 몽테뉴(1533~92), 발타자르 그라시안(1601~58), 드 라 로슈푸코(1613~80), 아르투어 쇼펜하우어(1788~1860), 랠프 에머슨(1803~82), 프리드리히 니체(1844~1900)는 인간 생활 전반에 걸치는 촌철살인의 주옥같은 글귀들을 남겨 우리를 감동케 합니다.

이 책은 호메로스 이후 고전의 반열에 올라 있는 책들을 읽고,

어느 순간부터 일일이 손으로 기록하여 블로그에 등재한 글들을 바탕으로 작성한 격언의 보고입니다. 격에는 어울리지 않고 그럴 일도 없겠지만, 스스로는 '에라스무스 격언집의 21세기 뉴 버전으로, 소학, 탈무드와 같은 쓰임의 책으로' 활용되길 원하는 바램도 있습니다. 왜냐하면 우리 부모님 세대가 소학, 대학, 논어, 맹자를 기초로 우리의 소양을 길러 주셨다고 한다면, 우리가 지켜나가고 전파해야 하는 도덕적 가치 기준 즉, 후손에게 전해줄 소중한 삶의 철학은 이 책이 그 역할을 다하기를 바라기 때문입니다.

물론 분량 관계상 글귀에 대한 설명 부분이 이 책에서는 빠져 있어 다소 아쉽고 맘에 걸리는 점이 있으나, 좀더 많은 격언들을 싣기 위해 그리 하였으며, 다소 어려운 느낌은 두 번 세 번 반복해서 읽고나면 그 참맛을 알게 될 것입니다.

이 책의 제목은 '21C 아다지아 ADAGIA'(삶의 의미와 깨달음을 주는 격언)로 설정하였으며, 1권에는 2,651 관용구, 2권에는 2,127 관용구, 총 4,778 개의 격언이 담겨 있고, 살아가면서 알고 있어야 할 핵심 단어에 대한 금언들을 한 페이지에 모아 그 단어에 대한 가치와 중요성을 한눈에 파악하도록 하였습니다.

고전이란 인간의 지식과 지혜, 사랑과 창조를 모두 담은 책들이라고 봅니다. 책을 읽다 보면 재미를 추구하기도 하고, 과학적 지식을 얻기도 하며, 마음의 위안을 위해 읽기도 합니다. 또한 작은 감동과 교훈을 마음에 우선으로 두고 읽어볼 수도 있습니다. 이 책이 그러한 도서들에서 감동과 교훈 부분을 한 조각씩 모아서 선별해 놓았다고 본다면 고전 명작 약 2,000 여권 독서의 결과물이고, 그러한 책을 읽은 효과를 한 번에 얻을 수 있습니다.

신과 같은 존재로 여겨졌던 호메로스부터 현대 철학자 사르트르까지 그리고 세계 각지의 종교에 관한 책은 물론 소설, 인문학 서적들로부터 교훈적이면서도 가장 심오하고 감동적인 글귀들을 모아서 보석들만을 골라내는 과정을 거쳤습니다.

고전을 읽으면서, 인간이 살아가는데 꼭 알아야 할 개념과 가치(핵심 단어)를 파악하고 선별하였으며, 그 과정에서 사람들이 중요하게 여기는 가치들(인간, 존재, 지혜, 행복 등)이 여러 페이지를 장식하고 있다는 사실이 밝혀졌습니다. 같은 단어는 아닐지라도 뜻이 비슷한 단어들(부자.재산, 생각.정념 등)이 존재하며, 이 단어들 또한 많은 의미와 중요성을 가지고 있으므로 동시에 찾아서 읽으면 더욱 깊은 이해를 얻으리라고 봅니다.

인생을 살아가면서 문제에 부딪쳤을 때, 뭔가 확고한 가치관, 믿음이나 신념을 가지려고 할 때, 인류의 스승들이 제시하는 현답을 둘러보고 생각을 깊이 할 수 있으며, 올바른 삶의 길잡이 노릇을 하게 될 것입니다.

2024년 겨울에

♧ 일상생활 활용 팁 ♧

이 책은 다음과 같이 활용할 수 있습니다.

1. 삶에서 정말 중요한 가치가 무엇인지를 알 수 있습니다.
2. 자주 등장하는 저자의 책을 골라서 읽을 수 있습니다.
3. 사전 형식으로 문제의 핵심 단어를 찾아 위로 받을 수 있습니다.
4. 격언의 백과사전으로 명언의 원조 저자를 알게 해줍니다.
5. 페이지마다 삶의 노하우와 기준이 될 글귀들이 있으므로 수시로 들여다봅니다. 문장 작성에 도움이 됩니다.
6. 하루 한 페이지씩 읽어나감으로써 매일의 깨달음을 얻을 수 있습니다.
7. 작가들의 메모장 역할로, 작품을 써나갈 때 막히는 부분에 대한 아이디어와 인용구를 제공합니다.
8. 수도하는 분, 인생 공부하는 분들의 명상 재료로서 하루 한 페이지씩 통찰을 쌓도록 해줍니다.
9. 아이들을 키울 때 지침으로 삼을 교훈을 제공합니다. 소학, 대학, 논어, 맹자에서 얻은 지식으로 자식을 가르치던 세대의 삶의 철학을 대체할 새로운 인생 지침이 됩니다,
10. SNS에서 드문드문 읽을 수 있는 명언을 한 번에 모아볼 수 있습니다.

♡ 청춘, 연인들의 활용 팁 ♡

1. 성인으로서 가져야 할 바람직한 마인드 형성을 도와줍니다.
2. 인생의 중요한 가치관과 기준이 무엇인지를 한 권의 책으로 파악 가능합니다.
3. 선택이나 결정의 장면에서 합리적인 판단에 도움이 됩니다.
4. 살면서 많은 도움이 될 성현들의 말씀을 단어별로 구분하여 개념을 파악할 수 있습니다.
5. 좀 더 성숙하고, 깨달음으로 한 걸음 더 다가가는 계기를 만들어줍니다.
6. 많은 책을 읽지 않고도 지식인처럼 보일 수 있습니다.
   데이트 전에 명언 한 줄을 암기하면 됩니다.
7. 가치관이 비슷한지 알아볼 수 있습니다.
   이 책에 있는 중요한 인간의 가치를 바탕으로 서로의 생각을 비교해 볼 수 있습니다.
8. 데이트할 때에 대화의 재료로 사용합니다. 중요 페이지를 펼쳐 놓고 번갈아 가면서 읽고 설명하고 토론할 수 있습니다.
9. 상대방의 사고가 합리적인지 알아볼 수 있습니다.
   각 페이지에 대한 서로의 생각을 나누면서 기호가 같은지를 알 수 있습니다.
10. 나의 마음을 전달할 수 있습니다.
    상대편이 알아주었으면 하는 부분에 견출지를 붙여서 책을 선물합니다.

차 례

ㄱ : 기역편 . 12
인간을 사랑하는 일은 지금까지 인간이 이룬
가장 고귀하고 고매한 감정이었다. 프리드리히 니체

ㄴ : 니은편 . 65
내 안에서 나를 흔드는 불안부터 쫓아내야 해!
내가 나를 믿지 못한다면 누가 나를 믿을 수 있겠어. 이병철

ㄷ : 디귿편 . 78
덕을 행하여 당하는 질타는 질타가 아니라 명예이다. 키케로
독서는 완성된 사람을 만든다. 프랜시스 베이컨

ㅁ : 미음편 . 88
인간에게 가장 궁극적인 목적은 바로 행복이다. 아리스토텔레스

ㅂ : 비읍편 .109
이 모든 것의 시작이자 가장 큰 선은 사려 깊음이다. 에피쿠로스
단 하루일지언정, 배움을 쌓은 사람에게 있어서 그 길이는 배우지
않은 사람들의 최고령보다 길다. 루시우스 세네카

ㅅ : 시옷편 . 132
사랑이란 자기희생이다. 이것은 우연에 의존하지 않은 유일한 행
복이다. 레프 톨스토이
온종일 생각하는 모든 것, 그것이 바로 그 사람이다.
랠프 월도 에머슨

ㅇ : 이응편 . 167
앎은 길고 인생은 짧다. 무지한 자는 삶을 영위하고 있는 것이
아니다. 발타자르 그라시안

ㅈ : 지읒편 . 224
자유로운 자는 양심에 따르기 마련이다. 빅토르 위고
교만하지 말아야 하지만, 강한 자존심을 가져야 한다. 노무현

ㅊ : 치읓편 . 280
나에게 어울리지 않는 칭찬보다는, 나에게 도움이 되는
비난 쪽을 고맙게 여겨야 한다. 프랑수아 드 라 로슈푸코

ㅋ : 키읔편 . 298
덕이나 부덕에 해당하는 복리나 역경은
쾌감이나 불쾌함 같은 소감의 명백한 귀결이다. 데이비드 흄

ㅌ : 티읕편 . 301
탐욕, 야심, 음욕 등은 병으로 간주 되지는 않을지라도
실제로는 광증의 일종이다. 바뤼흐 스피노자

ㅍ : 피읖편 . 306
마음의 평온은 우리가 원하기만 하면
즉시 다다를 수 있는 상태이다. 마르쿠스 아우렐리우스

ㅎ : 히읗편 . 315
아직 무언가 바라고 노력할 것이 남아 있을 때가
그래도 제일 행복한 법이다. 쇼펜하우어
사람은 하지 않는 일이 있어야 훌륭한 일을 할 수 있다. 맹자

ㄱ : 기역편

인간을 사랑하는 일은 지금까지 인간이 이룬
가장 고귀하고 고매한 감정이었다. *프리드리히 니체*

행복의 다섯 가지 요소는, 뛰어난 분별력, 몸의 건강,
순조로운 일, 좋은 평판, 불편이 없이 부유한 것이다.
플라톤

가족 삶의 모든 출발은 여기서부터다.
가족이 즐거워야 삶이 즐겁다.

가족은 자연의 걸작 중 하나이다. *조지 산타야나*

친지들이 솔직하게 나의 결점을 지적해 주면
그 이상 더 큰 기쁨은 없다. *라 로슈푸코(이하 로슈푸코)*

어른이 감당해야 할 본분 중에서 가장 어려운 것이
가정을 이루고 가꾸는 일이다. *허버트 스펜서(이하 스펜서)*

가정의 단란함이 지상에서 가장 빛나는 기쁨이다. 자녀를 보는
즐거움은 사람의 가장 성스러운 즐거움이다. *페스탈로치*

가족은 사랑의 완성이 아니며, 오히려 가족이란 유기체는 자신을
유지하기 위해서 사랑을 생산해낸다. *프란츠 카프카(이하 카프카)*

부모는 우연히 주어지는 것이지 마음대로 선택할 수 있는 것이
아니지만 우리가 선택할 수 있는 고귀한 지성의 가족들(옛 성현)
이 있어요. *세네카*

잔소리하지 마라. 상대를 바꾸려 하지 마라.
비난하지 마라. 진심으로 칭찬하라.
작은 관심을 표현하라. 정중하게 대하라.
결혼생활의 성 문제에 관해 좋은 책들을 읽어라.
데일 카네기 (행복한 가정을 만드는 7가지 비결)

가치 가치 있는 모든 것은 소중히, 나머지는 버리자.

성찰하지 않는 삶은 살 가치가 없다. *소크라테스*

당신의 영혼을 다 바칠 가치가 있는 곳으로 가십시오. *휠덜린*

사람은 자신과 싸우기 시작할 때
진정한 가치를 뿜어낸다. *헤로도투스*

사랑을 모르는 인간에게서 우리는
아무런 가치도 찾아볼 수 없다. *세네카*

세 사람이 같은 말을 하면, 비로소
따를 가치가 있는 말로 믿어도 된다. *테무진*

인생이 주는 최고의 상은 할 만한 가치가 있는
일에서 온 힘을 다할 기회이다. *루즈벨트*

인간의 진정한 가치는 주로 자기로부터
해방된 정도와 느낌에 의해 결정된다. *아인슈타인*

사람은 자기 자신과의 싸움을 시작할 때 비로소
가치 있는 사람이 된다. *로버트 브라우닝*

자기의 가치에 미치지 못하는 사람은 비굴한 자이며, 자기의 기치
보다 지나치는 사람은 허세를 부리는 자이다. *아리스토텔레스*

갈등 판단의 갈등, 선택의 갈등, 타인과의 갈등은
성장의 과정이다.

우리 각자는 본래 갈등하는 존재다. *에드워드 윌슨*

자신과 하나가 되어 존재하는 사람은
갈등이 생길 수 없다. *에크하르트 톨레*

가치의 우선순위를 제대로 이해하지 못하면
가치의 갈등을 해결할 수 없다. *앤서니 라빈스*

도덕적 갈등과 싸우며 유혹을 이겨낸 사람은 흠 하나 없이
살아온 사람보다 더 높은 평가를 받을 만하다. *칼 에를리히*

어린 시절의 갈등이 해소되지 못한 채 자라게 되면 필연적으로
타인들과의 관계 및 사회생활에서 심각한 갈등을 겪게 된다.
휴 미실다인

내면의 정신적 모습에 맞추어 행동을 하려는 사람은,
최종 목적이 자신의 자아일 뿐인 폭군만큼이나 자주
다른 사람의 자유와 갈등을 일으킨다. *프리드리히 실러*

사람은 의식적인 갈등으로부터 자유로워질 수 있다. 그러나 그럼
에도 불구하고 그 갈등은 그 사람의 발밑에 보이지 않는 상태로
그대로 남아 있으면서 그 사람이 걸음을 옮길 때마다 비틀거리게
만든다. *카를 융(이하 융)*

감각 감각적 느낌에 흔들림 없이,
         있는 그대로의 현상을 잘 구분하라.

우리의 의식은 사실 하나의 내적인 감각에 불과하다. *피에르 아도*

선악은 감각에서 나오므로 즐거운 감각을 주는 것이면 좋다.
에피쿠로스

모든 사람은 변화를 감지하는 감각을 가지고 있다.
그리고 우리는 그것을 본능적으로 회피한다. *E.B. 화이트*

우리에게 없는 하나의 감각을 진리의 원천으로 삼는 것은
매우 위험한 일이라고 할 수밖에 없다. *빅토르 위고(이하 위고)*

사람의 목적은 물질주의와 감각을 추구(암흑으로 인도)하기보다는
영혼의 깨달음(빛)에 삶을 바치는 것이다. *소크라테스*

인간이 사랑하는 것은 아버지도 어머니도 아내도 자신도 아니며,
그들이 우리에게 가져다주는 기분 좋은 감각이다. *리히텐베르크*

누구든 '아는 자'
죄악에 묶이지 않은 자
자신의 감각을 넘어 볼 수 있는 자
순수한 마음을 가진 자
그 존재에 의지하여 선 자
늘 성찰하는 자, 그가 곧 아뜨만이다. *우파니샤드*

감사 감사의 마음이 있는 사람을 가까이하고,
         그렇지 않으면 멀리하자.

감사는 최상의 가치일 뿐 아니라, 모든 가치 위에 있다. *키케로*

무엇보다도 자유로운 사람들은 서로에 대해 감사한다. *스피노자*

감사하는 마음이 살아 있음의 척도다. *데이비드 스테인들 레스트*

사람이 얼마나 행복한가는 그의 감사함의 깊이에 달려있다.
존 밀러

감사는 숭고한 수양의 열매다. 교양이 없는 사람에게는
감사라는 열매가 맺히지 않는다. *사무엘 존슨*

저런! 겸손하고 감사할 줄 아는 사람에게는 창조물 가운데
어떤 것도 신의 섭리를 보여주기에 충분하다. *에픽테토스*

감사 또는 사은이란 사랑과 유사한 감정에 의해 우리에게 은혜를
베푼 사람에 대해 은혜에 보답하려고 노력하는 욕망 또는 사랑의
열의이다. *스피노자*

인간의 삶에서 가장 아름다운 두 가지,
즉 은혜 베풂과 이에 대해 감사하는 태도.
감사하지 않는 태도만큼 사람 사이의 화합을
막거나 해체할 수 있는 것은 없다. *세네카*

감정 이성보다, 지성보다, 삶에 더 중요한 감정 그리고 사랑.

감정의 통제가 올바른 자유의 향상이다. *존 로크(이하 로크)*

이성은 기수이고 감정은 코끼리다. *조너선 하이트*

사랑에 빠지는 것은 직관이요, 사랑을 하는 것은 감정이다. *카를 융*

인간을 사랑하는 일은 지금까지 인간이 이룬
가장 고귀하고 고매한 감정이었다. *프리드리히 니체(이하 니체)*

자기감정의 노예가 되는 것이 폭군의 종이
되는 것보다 훨씬 불행한 일이다. *일레인 교수*

정신적으로는 하등한 감정은 자제하고 고상한 감정은
지속적으로 표출하도록 노력해야 한다. *스펜서*

놀라움이란 인간의 감정 중 최상의 것이다. 인간이
도달할 수 있는 최고의 경지가 바로 놀라움이다. *괴테*

감정, 고통스러운 감정은 우리가 그것을 명확하고 확실하게
묘사하는 바로 그 순간에 고통이기를 멈춘다. *스피노자*

도덕성은 이성이 아니라 감정의 대상이다. 이성은 감정의 노예이
고, 이성의 임무는 오직 감정에 봉사하고 복종하는 것이다.
데이비드 흄(이하 흄)

가난 마음이 가난한 자가 가난한 것이며,
         가난 속에도 만족이 있다.

즐거운 가난은 훌륭한 것이다. *에피쿠로스*

가난을 두려워하지 말고, 부를 두려워하라. *톨스토이*

가난한 사람은 독서로 부자가 되고,
부자는 독서로 귀하게 된다. *왕안석*

가난을 무시하라. 태어났을 때만큼
가난하게 사는 사람은 아무도 없다. *세네카*

인간은 아무것도 갖고 있지 않아서가 아니라
일하지 않기 때문에 가난한 것이다. *몽테스키외*

소유하는 것이 적은 사람은 남에게 소유되는 일도 적다.
그러므로 가난한 사람은 축복을 받을 것이다. *니체*

가난은 젊은이들의 좋은 유모. 우리는 가난과 싸울 부라는 무기가
필요 없소. 가난은 우리에게 아무 해코지도 하지 않으니까.
플루타르코스

나는 내 토기 그릇을 너희의 금은 그릇보다 더 좋아한다. 그리고
나는 돈이 없어 가난하게 살지만 돈을 지닌 자들을 부리는 것이
나의 소원이다. *쿠리우스*

개성 자신이 가진 독특함과 유일함이 개성의 원천이다.

일체의 고귀하고 어진 것은 모두 개성으로부터 싹터 나온다.
존 스튜어트 밀(이하 밀)

자신의 개성을 완전히 극복한 사람만이
거짓과 참을 구별할 수 있다. 제임스 앨런

성숙한 사랑은 '개인의 통합성, 즉 개성을 유지하는 상태에서의 일치'이다. 사랑은 '인간에게 능동적인 힘'이다. 에리히 프롬

당신이 동경하는 대상이 가진 특성을 당신도 이미 가지고 있다. 다만 상대가 그 특징을 개성 있게 구체화하고 있다는 것만 다를 뿐이다. 존 디마티니

진정한 의미의 '개성'이란 다른 사람과 '다른' 나뿐만 아니라 다른 사람과 같은 '보편적' 특성까지 모두 '통합'한 그 사람 전체를 의미한다. 융

한 사회 속에서 남다른 개성이 자유롭게 만개할 수있는 가능성은, 일반적으로 그 사회가 보여주는 탁월한 재능과 정신적 활력, 그리고 도덕적 용기와 비례한다. 밀

잘 매만진 헤어스타일, 날씬한 몸매를 드러내는 드레스, 킬힐, 달콤한 향수가 나의 개성 넘치는 영혼보다 더 중요하다고 믿는다면 자신을 잃어버릴 위험이 있습니다. 마리 루티

거짓말   하얀 거짓말은 꼭 필요할 때만 하자.
           검은 거짓말은 절대 금지.

거짓말은 그 자체가 억압이다. *사르트르*

거짓말도 잘하면 논 닷 마지기보다 낫다. *속담*

거짓말을 하여 진실을 발견하라. *에스파냐 속담*

거짓말쟁이야말로 창의적이고 능력 있는 사람이다. *플라톤*

확신이 거짓말보다 더 위험한 진리의 적일 수 있다. *니체*

거짓말은 말로써도 하지만 침묵으로도 한다. *아드리엔느 리치*

거짓말에는 세 종류가 있다. 그냥 거짓말과
지독한 거짓말 그리고 통계가 그것이다. *마크 트웨인*

나는 당신이 나에게 거짓을 말한 것에 화가 나는 것이 아니라,
앞으로 당신을 믿을 수 없다는 사실에 화가 난다. *니체*

자기의 육체는 유혹을 받지 않는다고 자신 있게 말하는 사람들은
모두 거짓말을 하고 있다고 나는 확신합니다. *제프리 초서*

보통 사람들은 하루 평균 200번, 약 8분에 1번꼴로 거짓말을 하
지만 몸은 거짓말을 하지 않는다. *폴 에크만*

걱정 걱정은 그만하고 대안을 생각하라.
　　　　미리 꼼꼼히 계획하면 걱정이 사라진다.

걱정과 근심은 운명을 바꿔놓지 못한다. *괴테*

참 사랑은 인간의 모든 근심 걱정을 추방시킨다. *세네카*

걱정을 해서 걱정이 없어지면 걱정이 없겠네. *티베트 속담*

아무것도 담아두려 하지 않는 한 빼앗길 걱정이 없다.
디메트리우스

사람은 무엇으로 사는가? 자기 자신을 걱정해서가 아니라
사람들의 마음 가득 사랑이 있기에 저마다 잘 살아가는 것이다.
톨스토이

상상 속에서 몰두할 수 있는
무언가를 가진 사람은
걱정으로 무거워진 마음도 가벼워진다.
그것은 마음에서 오는 근심을 이겨내는 데 도움이 된다.
고트프리트 폰 슈트라스부르크

그대가 바꿀 수 있는 일에 대해서는 걱정할 필요가 없다. 왜냐하면 그것은 바꾸면 되기 때문이다. 또한 그대가 바꿀 수 없는 일에 대해서도 걱정할 필요가 없다. 왜냐하면 걱정한다고 해서 그것이 바뀌진 않을 테니까. *베단타 현자*

건강   뭐니뭐니 해도 건강이 제일이다.
    건강을 최우선으로 지켜라.

생명의 본질은 운동에 있다. *아리스토텔레스*

햇빛, 공기, 물과 운동은 생명과 건강의 원천이다. *히포크라테스*

건강의 법칙을 위반하는 죄는 모두
'신체적 죄'로 봐야 한다. *스펜서*

건강한 자에게는 소망이 있고, 소망이 있는 자는
모든 것을 가진 것이나 다름없다. *아랍 격언*

세 가지의 것이 우리를 행복하게 만든다. 그것은 성스러움과
건강함, 그리고 지혜이다. *발타자르 그라시안(이하 그라시안)*

육체가 건강하면 지극히 간소한 음식도 맛있다고 느끼듯
건전한 영혼은 평범한 일에도 맛을 부여할 수 있어요.
장자크 루소(이하 루소)

행복의 다섯 가지 요소는, 뛰어난 분별력, 몸의 건강, 순조로운 일,
좋은 평판, 불편이 없이 부유한 것이다. *플라톤*

건강, 책, 일 그리고 여기에 사랑이 더해진다면
운명이 주는 모든 괴로운 고통과 아픔도 견딜 만해진다.
엘버트 허바드

게으름 땅속에서 천년을 잠잔 자들아. 깨어나라.
네 스스로 태양이 되어라.

게으름은 모든 악의 시작이다. *융*

비관주의는 지적 게으름의 표현이다. *콜린 윌슨*

우리 모두는 악의 하인이요 온상이며
쾌락의 문지기인 '게으름'을 피해야 합니다. *제프리 초서*

근면은 행운의 어머니이며, 게으름은 그 반대이니
결코 좋은 소망을 이루어주지 못한다. *세르반테스*

너의 습관들은 셀 수 없이 작은 비겁과 게으름의 산물인가?
아니면 용기와 창의적인 이성의 산물인가? *니체*

정신은 게으름과 타성에 의해 편하고 즐거운 것에만 집착한다.
이 경향이 언제나 우리의 지식에 한계를 긋고 있다. *로슈푸코*

게으른 사람은 산 채로 매장된 사람과도 같다. 신에게도 인간에게
도 전혀 도움이 되지 않는 죽은 자와 마찬가지다. *제러미 테일러*

아주 사소하고 불필요한 것을 가지고
다른 사람을 방해까지 하면서
자신에게로 주의를 끌려고 애쓰는 사람이 있다.
이와 같은 노력은 게으름보다도 훨씬 나쁘다. *톨스토이*

격정 격정의 힘을 오히려 문제의 해결책을 찾아내는
       열쇠가 되게 하라.

격정을 도덕적 힘으로 변화시켜라. *제임스 앨런*

격정이야말로 인간에게 가장 큰 재앙의 원인이다. *오비디우스*

격정의 억제는 교육의 주요한 목적이요 한 신사로서의
가장 확실한 표지였다. *버트런드 러셀(이하 러셀)*

겸손하게 사는 사람은 두려움이 없고 최고 존재를 알며,
가장 천한 격정을 뜻대로 지배한다. *제임스 앨런*

부류가 다른 사람들과의 교류는 잘 정돈된 것을 흐트러뜨리고, 격정을 다시 깨우고, 아직 완치되지 못한 정신의 상처를 더 악화시키기 때문일세. *세네카*

격정과 맞서 싸울 때는 격렬해야지 조심스러워서는 안 되며, 가벼운 부상만입힐 것이 아니라 돌격해야만 격정의 전열을 무너뜨릴 수 있다. *파비아누스*

자유로운 자는 누구인가? 자기의 격정을 억제할 수 있으며, 결핍도 죽음도 쇠사슬도 두려워하지 않으며, 확고히 스스로의 욕망에 저항하고, 세속의 명예를 타기할 수 있으며, 성격의 모난 부분이 모두 둥글게 닦여져 그 자신에게만 전적으로 의존하는 현자만이 자유로운 것이다. *호라티우스*

겸손 겸손이 최고의 예의이며, 최고의 친화력이다.

겸손은 가장 확실한 힘의 표시이다. *머스 머튼*

겸손함은 자유와 행복의 경험에 이르는 문이다. *데이비드 호킨스*

진정한 겸손은 허영심에 대한 성찰 외에는 있을 수 없다.
베르그송

겸손함이 무엇입니까? 짐승들보다 더 낮아지는 것이오.
사막교부들

온유함과 겸손을 발견한 사람은 신성을 발견한 사람이다.
제임스 앨런

진정으로 위대한 사람인가를 평가하는
최우선 잣대는 겸손이다. *존 러스킨*

각 사람의 겸손의 수준은 그 사람의
위대함의 수준과 비례한다. *아우구스티누스*

즐거움은 대자연 속에 가득하고,
기쁨은 가장 겸손한 자의 마음속에 머문다. *톨스토이*

어리석음을 못 견디는 사람이 어리석은 것이다.
사람들의 호감을 얻으려면 겸손해져야 한다. *그라시안*

결혼
부모와는 20년 남짓, 그러나 결혼한 사람과는
백 년을 살아야 한다.

전쟁에 나가기 전에 세 번 기도하고
결혼하기 전에는 열 번 기도하라. *속담*

성공적인 결혼이란 매일같이 개축해야 하는
건물과 같은 것이다. *앙드레 모로아*

같은 사람과 반복적으로 사랑에 빠지는 것이
바로 성공적인 결혼이다. *미뇽 맥롤린*

여자들이 모두 부인 같다면,
열 번이라도 더 결혼했을 겁니다. *에밀 졸라*

행복한 결혼생활을 하는 평범한 남자가 독신으로 사는
천재보다 훨씬 더 행복하다. *데일 카네기*

그 젊은이는 골이 비었군요. 그렇지 않다면 눈으로
보기만 하고 결혼은 하지 않았을 테니까. *플루타르코스*

남녀가 부부로 결합하는 것은 자기들의 영혼이 성장해 가는데
장애가 되는 문제들을 해결하기 위해서다. *베르나르 베르베르*

결혼의 쾌락에는 특히 말이 필요하다. 부부는 싸움이나 말다툼이
아니라 설득을 통해 상대방에게서 원하는 바를 얻도록 해야 한다.
플루타르코스

경쟁 경쟁을 재량대로 마음껏 즐겨라.
아니면 경쟁 없는 별나라로 가라.

자녀와 경쟁하지 마라. *토마스 스탠리*

두려움을 버리고 경쟁하라. *데니스 에이브람스*

진짜 행복은 그 경쟁을 즐길 때 비로소 시작되는 것이다.
토드 부크홀츠

어쩌면 경쟁심 역시 품위의 틀 안에 갇힌
시기심에 불과할지도 모른다. *볼테르*

도를 체득한 사람은 아무하고도
경쟁하거나 다투지 않는다. *노자*

인생이란 것이 끝없이 많이 소유하는
경쟁을 위해서 주어진 시간일 리 없다. *니체*

경쟁으로부터 보호받는 것은 나태를 보호받는 것이며,
정신적 아둔함을 보호받는 것이다. *밀*

'사랑해'라는 말은 달리 경쟁할 말이 없는,
가장 사랑받고 가장 남용되는 아첨이다. *윌리스 고스 리기어*

인간들 사이에 분쟁이 발생하는 원인은 첫째는 경쟁, 둘째는 불신, 셋째는 공명심이다. *토마스 홉스(이하 홉스)*

경험 무엇보다 먼저 훌륭한 책으로 간접 경험하라.

나를 죽이지 않는 모든 경험들은 나를 키우는 스승이 된다. *괴테*

경험을 현명하게 사용한다면,
어떤 일도 시간 낭비는 아니다. *오귀스트 로댕*

아무리 지식과 경험이 많다 한들 근본이 삐뚤어진 상태에선
아무런 도움도 되지 못한다. *니콜라이 고골(이하 고골)*

세상의 진리 중에는 사람들이 직접 경험하지 않으면
그 참뜻을 제대로 알기 어려운 것이 많다. *밀*

400번이나 노력해야 성격이 바뀐다. 고정관념을 바꾸는 데 400
회의 경험이 필요하다니. *옌스 피르스터*

누군가가 세상을 떠날 때, 그것은 경험과 상상으로 가득 채워졌던
도서관 하나가 사라지는 셈이다. *에드워드 윌슨*

사람들이 뭔가 경험하려는 것은 대개 그에 관해 말하려고 하기
때문이지. 바다를 말할 수 없을 때는 절대 바다를 건너지 않을
거요. *파스칼*

악을 경험해 보지 않고도 순수하게 악을 인식하기에는 힘이 너무
약한 존재들에게는 악의 시험이 선에 대한 앎을 더 분명하게 해
준다. *플로티누스*

고귀함 지적 우아함과 행동의 품격을 드러나게 하는
아름다운 자태.

자신의 이름을 존중하고
신을 경외하며 마음을 다스릴 줄 아는
고귀한 사람이라면, *괴테*

덕이야말로 고귀함의 유일한 원천이다. *에라스무스*

정직한 한 시민이 하나같이 흉포한 왕들보다
훨씬 더 고귀하다. *토머스 페인*

모든 인간은, 그가 자연의 뜻대로 어떻게든 숨이
붙어 있는 한 경이로우며 고귀하다. *헤르만 헤세*

사랑은 인간이 실행할 수 있는 가장 위대한 것,
가장 고귀한 것을 할 수 있도록 만들어준다. *파트리크 쥐스킨트*

깊은 고뇌는 인간을 고귀하게 만든다. 그리고
다른 것으로부터 그 인간을 떼어놓는다. *니체*

자기보다 고상한 사람에 대한 찬탄보다 더 고귀한 감정은
결코 사람의 가슴속에 있을 수 없다. *토머스 칼라일(이하 칼라일)*

고귀한 마음이란 기쁨과 괴로움, 사랑과 고통, 삶과 죽음의 공존
을 수용하고 내면화하는 이들이다. *고트프리트 폰 슈트라스부르크*

고독 혼자서도 즐겁고 정신을 충만하게 하는 사람이
진정 고독한 자이다.

큰 도시는 큰 고독이다. *에라스무스*

고독은 지혜의 최선의 유모이다. *법구경*

고독을 좋아하는 자는 모두 야수가 아니면 신이다.
아리스토텔레스

고독은 군중에 대한 혐오를, 군중은 고독에의 권태를 치료해준다.
세네카

나는 홀로 있기를 좋아한다. 고독만큼 상대하기
좋은 친구를 보지 못했다. *헨리 데이비드 소로(이하 소로)*

사막에서 혼자 사는 것이,
사람들 사이에서 혼자 사는 것보다 훨씬 덜 힘들다. *루소*

사람은 한가할 때 가장 한가하지 않다.
사람은 고독할 때 가장 고독하지 않다. *스키피오*

인간의 가장 절실한 욕구는 이러한 분리 상태를 극복해서
고독이라는 감옥을 떠나려는 욕구이다. *에리히 프롬(이하 프롬)*

고독은 인간의 조건에서 가장 심오한 사실이다. 인간은
스스로가 외로움을 아는 유일한 존재이기 때문이다. *크릴로프*

고민 고민은 우선 가족, 친구들과 상의해보라.
숲의 새들과 상의해도 좋다.

과거의 한 토막으로 새날을 더럽혀서는 안된다.
벤자민 프랭클린

미소의 흉내만 내도 벌써 사람들의 슬픔이나 고민은 줄어든다.
알랭

밖에서 생긴 고민은 집에 들어가기 전에
벗어 놓고 들어가자. *데일 카네기*

사랑하고 기도하고, 그리고 고민하고 있다면
그대는 참다운 인간이다. *인도 격언*

인간은 고민과 권태의 양극단 사이를 끊임없이
오가도록 운명 지워진 존재다. *쇼펜하우어*

운명에 감사하고 아직도 남은 고난을 감사로써 인내하라.
그것이 그대에게 필요하다. *칼라일*

심각한 고민과 불화를 일으키는 것은 상대방이 한 행동이 아니라,
상대방 행동에 대한 해석 또는 그릇된 해석인 것이다. *아론 벡*

인간은 내적인 고민의 노예가 되어 있을 경우에는 공연히 자기
자신으로부터 도피하려고 하며, 장소의 변화에서 구원을 찾으려고
한다. *루크레티우스*

고전 훌륭한 지식을 담뿍 담고 있는 고전을 읽고
　　　지혜를 터득하다.

읽기 힘든 책일수록 더 진리에 가깝다. *알랭 드 보통*

막다른 길에 서 있다고 느낄 때 읽는 고전은
지성의 고양에 특효약이다. *니체*

고전문헌의 연구에 의해 얻어지는 것이야말로,
생각할 수 있는 가장 우수한 교육이다. *존 밀턴*

열심히 고전을 읽어라, 진정으로 참된 고전을!
최근에 나온 글은 그다지 중요하지 않으니. *슐레겔*

고전을 공부하는 것은 탁월함을 성취하기 위한 중요한 요소이자,
자신의 본성을 확장시키는 성스러운 임무로 이해되었다.
레슬리 스티븐슨

오래된 포도주는 가장 맛이 좋고, 오래된 친구는 가장 믿을
만하며, 고전 작가의 작품은 가장 읽을 만한 가치가 있다.
프랜시스 베이컨(이하 베이컨)

선악의 개념이 결여된 지성을 소유하고
성스러운 수많은 성전은 도외시하며
배만 채우려는 그저 단순한 욕망을 지닌 자.
짐승 같은 그가 짐승과의 차이는 과연 무엇인가? *빤짜딴뜨라*

고집 작은 일에 매달리면 고집이 많고,
　　　큰일이면 집념이 작동한다.

고집도 역시 하나의 병이다. *알랭*

절망하여 자기 자신이려 하는 절망 - 고집. *키르케고르*

우둔한 자는 고집이 세고, 고집이 센 자는 우둔하다. *그라시안*

고집을 부리는 사람들을 보는 것은 불쾌한 일이다. *위고*

사실로 받아들인 것이 거짓일지라도,
계속 고집한다면 현실로 굳어질 것이다. *앤서니 이든*

우리는 악이란 본래 고집이 세고 이의를 제기하기
좋아한다는 사실을 고려해야 한다. *플루타르코스*

대부분의 사람들은 본래 자기 자신의 견해를 고집하려는
단정적이고 독단적인 경향을 가지고 있다. *흄*

속으로는 상대방의 논리가 옳다는 것을 알면서도
자존심 때문에 자신의 의견을 고집하는 것이다.
표도르 스트라호프

우리가 알든 모르든 관계없이, 모든 갈등과 모든 불안은 모조리
다 자기를 고집하는 데서 비롯된다. *마이스터 에크하르트*

고통 성숙을 위한 아픔일지도 모르는데,
         절망이라고 해석해야만 하는가?

욕망이 없으면 고통도 없다. *베르나르 베르베르*

깊은 고통은 고귀하게 만든다. 이것이
사람들을 구분해내는 것이다. *니체*

삶의 무게와 고통에서 자유롭게 해주는 한마디의 말,
그것은 사랑이다. *소포클레스*

고통으로 인간이 가련해지는 것이 아니라 오히려
인간 내면이 광채를 띠게 될 것이다. *플로티노스*

고통아, 네 한껏 해보아라. 어떻게 해도,
나로 하여금 너를 미워하게 만들지는 못하리라. *포시도니오스*

진실로 만족을 이해하는 자는 고통을 감내하고 운명의
고요한 진행을 부단히 기뻐한다. *빌헬름 폰 훔볼트(이하 훔볼트)*

인간은 사물로 인하여 고통받는 것이 아니라
그것을 받아들이는 관점으로 인해 고통받는다. *에픽테토스*

네가 그 한계를 생각하고 상상력으로 거기에 뭔가를 덧붙이지만
않는다면, 고통은 참을 수 없는 것도 아니고 영원한 것도 아니다.
에피쿠로스

공감 서로의 관계를 좋게 하고 싶은가?
　　　　그러면 공감하려고 노력하라.

본능은 공감이다. *베르그송*

인간의 도덕 감정은 행위자와 방관자 사이의
공감에 의존한다. *애덤 스미스*

슬픔, 우울의 공감보다 사람을 더 빨리
가깝게 만들어주는 것은 없다. *밀란 쿤데라*

타인의 고통에 공감할 줄 아는 능력이 '윤리'이며,
이것이 바로 '양심'이다. *한나 아렌트*

완전한 사랑과 공감이 있을 때,
행복하고 기쁨에 찬 드문 순간이 찾아옵니다. *크리슈나무르티*

예술이 사람의 공감을 확대하지 않는다면
도덕적으로 아무런 일도 하지 않는 것이다. *조지 엘리엇*

인간은 타인에 대한 공감 능력을 가짐으로 동물과 달리 지리.
문화적 한계가 없는 폭넓은 연대가 가능하다. *막스 셸러*

우리 자신 또는 친구의 이해와 관련이 없는 사회의 선과 복리는
오직 공감을 통해서만 쾌감을 주므로, 공감이야말로 우리가 모든
인위적 덕에 대해 주의를 기울여야 할 원천적 도리이다. *흄*

공부 살아가는 내내 공부하는 것이, 사람이 해야 할 당연한 일이다.

건강을 돌보고 힘을 기르고 강하게 살아가는 것, 그것이 최고의 공부다. *반 고흐*

나에겐 공부만이 세상의 모든 불쾌감을 떨쳐버릴 수 있는 최상의 치유책이었다. *몽테스키외*

한꺼번에 몰아서 공부하는 것보다 잘게 쪼개 조금씩 공부하는 것이 오래 기억된다. *로슨 교수*

모름지기 공부하려는 계획을 충분히 세워서 날마다 부지런히 공부할 뿐이다. 헛되이 세월을 그냥 허송해버려서는 안 된다. *이황*

열 가구 마을에 충직과 믿음이란 면에서는 나만 한 사람이 반드시 있겠지만 공부하길 좋아하는 면에서는 나만 한 사람이 없을 것이다. *논어*

진리를 더욱 열렬하게 갈구하고 더욱 항구하게 뒤쫓으며 마지막으로 더욱 감미롭게 향유 하기에 이르는데, 그것을 일컬어 행복한 삶이라고 한다. *아우구스티누스*

공부하라. 최상의 지적 능력을 갖길 원하면서 공부하는데 시간을 내지 않는 것은 이상한 일이다. 몸은 아껴보았자 사라진다. *피타고라스*

공포 작은 걱정과 두려움이 차츰 커져서
　　　공포와 경악을 부른다.

인간을 움직이는 지레는 공포와 이익이다. *나폴레옹*

고통에는 한도가 있지만, 공포는 끝이 없다. *소 플리니우스*

공포 없는 희망은 없으며, 희망 없는 공포도 없다. *스피노자*

증오의 뒤편에는 훨씬 더 근본적인 감정인
공포가 놓여 있었다. *폴 존슨*

사랑의 대상이 되는 것보다
공포의 대상이 되는 것이 훨씬 더 안전하다. *마키아벨리*

매일 조금씩 공포와 맞서 싸우지 않는 이들은
인생의 비밀을 배우지 못한다. *랠프 월도 에머슨(이하 에머슨)*

선행은 누구에게나 이루 말할 수 없는 만족감을 주고,
악행에는 한없는 공포가 뒤따른다. *쇼펜하우어*

남자는 조심하여 자기의 노여움의 상대를,
공포라기보다 경멸로서 다루도록 주의해야 한다. *베이컨*

무한은 공포의 숙명이기도 하다. 공포는 상승하고 또 상승할 뿐
결코 상승을 멈추지 않기에, *로베르토 볼라뇨*

공허 사랑과 평화, 믿음이 자리를 비워
　　　　마음이 텅 빈 상태가 공허다.

실존적 공허는 대개 권태를 느끼는 상태에서 나타난다.
빅터 프랭클

인간의 고통을 치유하지 못하는 철학자의 말은 공허하다.
에피쿠로스

우리네 인생에서 대부분의 것들이 공허하고
어리석다는 사실을 알고 있는 중년이죠. *애거서 크리스티*

주변이나 세상에서 일어나는 수많은 일마다 고개를 들이밀면
결국에는 공허해질 뿐이다. *니체*

행운이 인간에게 베풀어 준 그 모든 호의란 공허할 뿐이고, 지혜
보다 인간에게 더 고귀한 재능은 없으며 어리석음보다 더 큰 처
벌은 없다. *성서*

사랑은 죽음을 소멸시키며 죽음을 공허한 환영으로 바꾼다. 사랑
은 무의미한 삶을 의미 있는 것으로 바꾸어 놓으며, 사랑은 불행
에서 행복을 만들어낸다. *톨스토이*

사람들은 만족을 찾아 이리저리 방황한다. 그것은 오직 자기 생활
에 공허함을 느끼는 까닭에 지나지 않는다. 그러나 그들은 함부로
자기들을 끌고 다니는 새로운 정욕의 공허함은 느끼지 못한다.
파스칼

과거 과거에 매달리면 과거 속에 사는 것, 현재에 살자.

행복은 자신이 과거보다 더 완전해졌다는 느낌이다. *스피노자*

세상에서 믿음을 발견하기 위해서는
몇 가지 좋은 추억만 있으면 된다. *도스토예프스키*

사람들은 스스로 그 삶을 선택했으며 그리하기 위해
과거를 자기 입맛에 맞게 각색한다. *아들러*

제아무리 마음이 아프더라도 지난 일로 치부하자.
아무리 괴로워도 언짢은 마음을 진정시키자. *호메로스*

과거의 잘못을 수정할 수 있는 유일한 방법은
미래에 더 나은 것을 추가하는 것뿐이다. *샤일로 모리슨*

미래가 과거와 유사하다는 가정은, 어떤 논증 위에 세울 수는
없으며, 오직 습관에서 비롯될 뿐이다. *흄*

과거를 잊는 사람은 평생 그것을 반복할 운명이다. 기억은 이야기
이며, 우리의 존재에 지속성과 의미를 부여해준다. *로렌 슬레이터*

과거를 돌아보지 말고 미래에 희망을 품지도 말라.
과거는 이미 지나갔고 미래는 아직 오지 않았다.
매 순간 현재 일어나는 것을 통찰력을 갖고 보라.
굳세게 흔들림 없이 이것을 알고 이것을 확신하라. *붓다*

과학 과학이 문명을 환히 밝히고 있다. 탐구하고 과학하라.

과학은 진리에 대한 봉사이다. *요하네스 헤센*

애초에 과학은 세계와 사랑에 빠진
사람들에게서 비롯되었다. *러셀*

과학을 가르치는 것이 일반 교육보다
우월하다고 주장해야 한다. *스펜서*

사랑의 법칙은 만물에, 모든 철학과 종교와
과학에 담겨 있는 근본 원리다. *찰스 해낼*

한 민족이 과학의 최고봉에 서기 위해서는
한시도 이론적 사유를 멈출 수 없다. *엥겔스*

과학은 실용적이기 때문에 가치 있는 것이 아니라
진리이기 때문에 실용적이다. *푸앵카레*

과학자라면 인간 지식영역의 공란에 당연히 흥미를 가져야 한다.
그리고 그 부분을 메우기 위해 기꺼이 일생을 바쳐야 한다.
스젠트 기요르기

나는 과학자들이 세상을 카이사르보다 더 강력하게 변화시킬 수
있으리란 사실을 일찌감치 알아차렸다. 그것은 실험실 한구석에
조용히 앉아서도 충분히 가능한 일이다. *델브뤼크*

관용 특별한 존재로서 인정하고 이해함으로써
    사랑을 실천하는 기술이다.

관용은 도가 지나치면 응석이 된다. *필립 체스터필드*

요컨대 야만성은 야만성을 낳고,
관용은 관용을 낳는 법이다. *허버트 스펜서*

인간의 다양성은 선행보다 관용을 만든다.
그것은 관용을 생존의 요건으로 만든다. *르네 뒤보스*

사랑한다면 상대방의 결점도 허물도 용서하며 관용하는 것이
진실한 사랑이란다. *슐라미스 이시 키쇼르*

지상에서 가장 작은 것은 탐욕과 쾌락과 호언장담이며
가장 큰 것은 관용과 유화와 자비심이다. *에픽테토스*

모든 미덕 가운데 관용보다 인간에게 어울리는 미덕은 없다.
그보다 더 자비로운 미덕은 없기 때문이다. *세네카*

정신의 덕 또한 여러 종류로 나뉜다. 철학적 지혜나 이해력,
실천적 지혜는 지적인 덕이고 관용이나 절제는 도덕적인 덕이다.
아리스토텔레스

개선될 가치가 없으면 아무것도 징벌하지 말고, 더 나쁘게 반전될
것 같으면 아무것도 관용해서는 안 된다. *아우구스티누스*

관조 감동하고 회상에 젖게 하는 관조,
        통찰에 이르게 하는 관조를 누려보라.

깨달음은 관조하기를 원하는 자 자신의 몫이다. *플로티노스*

윤리란 온갖 진실의 개화다. 관조는 점차 행동으로 옮아간다.
위고

진리와 만유의 질서를 관조하면서 사는 것이
삶의 '목적'의 하나다. *포세이도니오스*

산다는 것은 고통이지만 고역은 아니다. 인생은 체험이자 관조다.
체험과 관조를 통해 우리는 더 넓고 깊은 존재가 될 것이다.
페이용

그대 자신의 상을 조각하는 것을 멈추지 말라. 각 영혼은
그가 바라보는(관조) 그것이고, 그것이 된다. *플로티누스*

마침내 아름다움을 관조하면서(신들과 논다는 것!) 지혜를 아낌없
이 사랑하게 됩니다. 인간에게 비로소 삶이 가치가 있는 것은 아
름다움 그 자체를 바라보면서 살 때입니다. *플라톤*

이성의 활동은 관조적인 것이며,
그 자체 외에는 다른 어떤 목적도 갖고 있지 않고,
그 자체에서 고유한 쾌락과 자족성을 지니기 때문에
가장 궁극적인 행복이다. *아리스토텔레스*

광기 온전하고, 정상적이고, 긍정적인 그리고 열정의
광기를 가져라.

가끔은 미쳐야 즐겁다. *아나크레온*

지혜가 없는 이들은 모두 미친 자이다. *키케로*

광기를 벗어나 있는 인간은 없는 법이다. *로크*

최대의 지혜는 미친 체하는 것이다. *디오니시오스 카토*

나의 삶은 부드러운 광기였다. 유감스러운 일이다. *랭보*

제정신인 사람은 시문학의 문을 두드려도 헛일이다. *플라톤*

광기란 우리의 머릿속에서 자라난 난폭한 용이다.
베르나르 베르베르

광기가 섞이지 않은 천재는 이전에 존재하지 않았다.
아리스토텔레스

천체의 움직임은 예상할 수 있어도
인간의 광기는 측정 불가다. *뉴턴*

사랑만이 현대 세계에서 볼 수 있는
광기나 우행을 변혁시킬 수 있습니다. *크리슈나무르티*

구속 너 자신을 구속하는 사람은 아무도 없다.
     네가 너를 구속할 뿐이다.

우리를 구속하는 것은 우리 자신의 무지뿐이다. *유발하라리*

비록 몸은 구속되었으나 정신적으로 굴레에
매일 수 없는 자가 불굴의 사나이입니다. *키케로*

사리 분별에 뛰어난 현인이란, 주어진 시기에 자신을
구속할 수 있는 사람을 가리킨다. *위고*

누군가의 마음을 절대 구속하려 하지 마라.
그러면 누구라도 당신에게 설복될 것이다. *볼테르*

진정으로 자유롭고 싶다면 자신의 감정이 제멋대로 날뛰지
않도록 어떻게든 구속할 필요가 있다. *니체*

스스로 구속되어 있다고 생각하고 자유롭게 되기를 갈망하는
동안에는 구속되어 있는 것이다. *데이비드 갓맨*

진정한 권력이란 타인을 정복하는 데서 시작되는 것이 아니라
나의 동물적인 본능에 영혼을 구속시키지 않는 데서 시작된다.
톨스토이

어떤 맹세에도 구속되지 않은 채 영향도, 편견도, 오점도, 두려움
도 없는 결백하고 한결같은 시선으로 사물을 바라보는 사람은 두
려움을 불러일으키는 존재가 된다. *에머슨*

권력 재능도, 공부도, 지식도 권력이다.
최고의 권력은 지혜라 한다.

권력은 결국 자제력 있는 사람이 차지한다. *폴 해머네스*

권력은 예찬가를 갖지 못하는 일이 결코 없다. *엘리아스 카네티*

권력은 총구에서 나오는 것이 아니라 도서관에서 나온다. *오바마*

실제로 어떤 소외감이라도 권력을
조금만 부여하면 치유된다. *에릭 호퍼*

주어진 권력과 힘을 남용하는 사람은
특권을 빼앗겨도 마땅하다. *제프리 초서*

나쁜 사람들이 권력을 잡고 있다면,
그것은 그 백성들의 비겁함 때문이다. *플로티누스*

권력을 가지고 있는 자들에게 논리적으로 따지는 것은
그들을 모욕하는 것이다. *라퐁텐*

절대권력이 무서운 것은 사람을 부패하게 만드는 것이 아니라
사람을 미치게 만드는 것이다! *쑹훙빙*

돈을 경멸하려면 부자가 되어야 하고, 권력을 경멸하려면
권력을 쥐어야 하는 걸세. *베르나르 베르베르*

권위　자기 자신 자체로 숭고와 품위를 가진 자가
　　　　순수하고 높은 권위다.

이성으로 답을 얻을 수 있는 일에 권위를 휘두르지 말라. *볼테르*

철학의 모든 권위는 행복한 삶을 획득하는 데에 존재하네. *키케로*

추종자를 갖지 못한 권위는 없고 아첨 없는 영달은 없다. *위고*

정신의 얼굴인 평정은 깨끗하고
권위 있는 사람에게서만 나타나는 것이다. *그라시안*

위대한 사업은 육체의 힘이나 속도, 기민함이 아니라
사려와 권위와 식견으로 이룩된다네. *키케로*

단언이 간결할수록, 그것이 어떤 증거나 논증의 근거가 없을수록
그 단언은 더 많은 권위를 지닌다. *귀스타브 르봉*

사안의 불확실성으로 인해서 당황할 적에 우리가 따라갈 길이
둘 있다. 이성을 따르거나 권위를 따르거나 둘 중 하나다.
아우구스티누스

사람을 행복하게 하는 건
예술가의 명성이나 왕관의 권위에 있지 않고,
작은 사랑에 만족할 줄 알고 또
그런 사랑을 베푸는 것에 있다. *안데르센*

권태 인간에게 가장 큰 일들을 저지르는 주요한
원인 중의 핵심 요소다.

권태는 죽음보다 나쁘다. *디터 람핑*

모든 어리석은 자는 자기 자신에 대한 권태에 시달린다. *세네카*

인간의 행복을 위협하는 두 가지는 고통과 무료함이다.
쇼펜하우어

어떤 소유에 대해 권태를 느끼는 것은,
즉 우리들 자신에게 권태를 느낀다는 것이다. *니체*

인간은 모든 단조로운 것에 싫증을 느끼고,
완전한 행복에 대해서도 권태를 느낀다. *스탕달*

인간은 불안의 격동 속에 살거나 아니면
권태의 혼수상태 속에서 살기 위해 태어났다. *볼테르*

실은 우리 인간의 감정은 궁극적으로 다음과 같은 세 가지
감정으로 나눌 수 있다. 첫째는 오만이며, 둘째는 성욕이며,
셋째는 권태이다. *톨스토이*

전쟁을 일으키는 원인은 분명 얼마 안 되는 사람들의 권태에 있
다. 일도 걱정거리도 제일 적은 사람이 항상 가장 호전적이라는
것이 그 증거다. *알랭*

교만 많은 것을 아는 자가 자기도 모르게 걸리는
  질병이 교만이다.

겸손이 지나치면 교만이네. *조정래*

너무 엄격한 고집은 은근한 교만입니다. *괴테*

교만한 사람이 가장 많은 모욕을 당한다. *벤자민 프랭클린*

나의 교만을 낮추는 것은 다 거짓으로 여겨야 할 것이다. *바이런*

교만한 것은 손해를 부르고 겸손한 것은 이익을 부른다. *명심보감*

교만함이여! 그대는 큰 행운에 붙어 다니면서
가장 어리석은 해를 끼친다. *세네카*

교만은 자기보다 더 큰 사람을 그냥 두고 보지
못하게 하는 위험으로 가득 차 있다. *아우구스티누스*

한 인간이 교만한 허욕으로 가득 차게 되면, 다름 아닌
그 자신의 혀가 고발인이 되기 마련이다. *아이스퀼로스*

죄악의 근원에는 모든 악의 원천인 교만이 있다. 교만의 죄에서 구원받는 법은 무엇인지 이해해야 합니다. 한마디로 말해서 그것은 겸손한 마음을 갖는 것입니다. *제프리 초서*

 ※ 조정래 : 대한민국의 소설가 문인

교양 멋진 폼을 잡는다고 교양이 아니다.
머리를 멋진 지식으로 장식하라.

교양은 순경에 있어서는 장식이고,
역경에 있어서는 대피소다. *아리스토텔레스*

좀 더 높은 교양을 쌓아 올려감에 따라서
인간에게는 모든 것이 흥미롭게 보인다. *니체*

교양을 갖춘 모든 사람이 금기시하는 한 가지가 있다.
바로 짜증을 내는 것이다. *에머슨*

교양이란 끊임없이 의미의 인식 범위를 확대하고
정확성을 증가시켜가는 능력이다. *존 듀이(이하 듀이)*

아무나 사람이라고 불리지만, 인문학에 교양이 있는 자만이
사람이라고 그는 확신합니다. *키케로*

논박에 의해 정화되지 않은 자는 그가 설사 대왕이라 할지라도
참으로 행복한 것이 아니며, 그 점 때문에 교양도 없고 불구라고
생각해야 한다. *플라톤*

교양을 과시하는 사교계에는 직업과 현재의 정치에 대한 이야기
는 최소한으로 줄이고 독서, 여행, 개인적인 반성을 통해 서로 암
시받은 일반적인 생각에 대해서 이야기가 전개된다.
가브리엘 타르드

교제 좋은 교제는 힘을 북돋아 주고 위안과 여유를
　　　　주는 관계이다.

교제할 때도 시기를 잘 타라. *쑨웨이룬*

고독은 우리로 하여금 사람을 그리워하게 만들고,
교제는 우리 자신을 그리워하게 만드네. *세네카*

자기보다 정도가 낮은 사람들과 교제하는 것도 바로
이 허영심이 이끄는 소행이다. *필립 체스터필드*

사람과 교제할 것, 책을 읽을 것, 정열을 가질 것, 이들 중의
어느 하나라도 결여 되면 제대로 된 사고를 할 수 없다. *니체*

교제는 상호 간 적절하고 균형되게
주고받는 것인즉 균형을 잃어 한쪽이
당겨지고 다른 한쪽이 늦춰지면,
서로 잘 어울리지 않고 얼마안가
서로가 싫증나고 말 것이외다. *존 밀턴*

경박한 재사는 교제를 넓히며 표면상으로는 많은 친구들이 있지
만, 진정한 마음의 벗은 만들지 못하고 있다. *아리스토텔레스*

자신도 전보다 더 좋은 사람이 되고, 친구도 점점 좋은 사람으로
만들면서 교제할 수 있다는 생각보다 더 즐거운 일이 또 있을 수
있다고 자네는 생각하는가? *크세노폰*

근면 희망과 보람, 작은 기쁨들이 근면으로 가는 길이다.

근면하지 않은 자는 근면한 사람을 질투한다. *베이컨*

근면은 삶을 통제 가능하게 만든다. 정말 그렇다. *옌스 푀르스터*

근면 성실한 사람에게 한가로움이란
일종의 벌과 같은 것이 아닐까? *세네카*

부지런한 사람에게는 모든 게 쉽고
게으른 사람에게는 모든 게 어렵다. *벤자민 프랭클린*

나는 부지런해야만 했다. 그러한 근면함으로 인해
그렇게까지 멀리 갈 수 있었다. *바흐*

너희는 잘 참지 못한다. 너희의 부지런함은 도피이며
자기 자신을 잊으려는 의지이다. *니체*

가치 있는 것을 이루기 위해 필수적인 세 가지 중요한 요소는
첫째로 근면, 둘째로 끈기, 셋째로 상식이다. *에디슨*

근면은 명성을 얻는 가장 빠른 지름길이다. 경솔함은
우리의 명성을 해치는 가장 큰 걸림돌이다. *그라시안*

근면한 것만으로는 충분하지 않다. 개미도 근면하니까 말이다.
문제는 무엇을 위해서 근면하게 일하느냐다. *소로*

긍정 긍정이 힘이다. 부정은 쇠퇴이다.
         긍정으로 힘으로 나아가라.

긍정이란 의지의 최고의 힘이다. *질 들뢰즈*

인간은 빵보다도 더 긍정으로 살아간다. *위고*

타자들과의 상호 의존은 삶을 긍정하는 것이다. *라그랜드*

예술은 기본적으로 존재를 긍정하고 축복하고 신성시한다. *니체*

모든 개체적 존재는 자신의 존재를
긍정하는 한에서 행복을 느낀다. *아리엘 수아미*

다른 사람들의 삶에 긍정적인 영향을 준다는
기쁨보다 더 큰 행복감은 없다. *슈물리 보테악*

모든 예술은 절대적인 자기 긍정 또는 절대적인 생산 활동에
대한 직접적인 모사다. *프리드리히 셸링*

자기를 긍정하기 위해서는 착한 사람이, 자기의 진가를
시험하기 위해서는 악인이 있어야 했다. *세네카*

나에게는 하나의 힘, 하나의 원칙이 있습니다. 거기에 나의 최고의 긍정과, 최고이자 최후의 존경과 사랑을 바치고 있습니다. 그 힘, 그 원칙은 바로 정신입니다. *토마스 만*

긍지   마음속에 품은 금덩어리처럼 고이 간직하여
           웅지를 펼치게 하는 힘.

공적으로 얻은 자긍심을 네 것으로 삼아라. *호라티우스*

나는 덕이 긍지를 낳고 부덕이
소심을 낳는다고 주장한다. *흄*

과학의 자부심은 무지의 자부심에 비하면 겸손에 가깝다. *스펜서*

긍지가 부족한 사람은 비굴하고, 지나친 사람은 거만하다.
아리스토텔레스

긍지와 허영만큼 정신에 힘을 불어넣고
정신을 고무시키는 것은 없다. *흄*

사람들의 자부심에 호소하는 것은 잘만 하면
T.N.T에 맞먹는 위력을 발휘한다. *데일 카네기*

자신이 압도적인 장점과 특별한 가치를 지녔다는 확고하고
흔들림 없는 내적 확신만이 실제로 자긍심을 품게 해준다.
쇼펜하우어

네 자신에 대한 긍지를 지녀야 세계도 경외의 대상이 된다.
그러니 먼저 네 자신이 되어라. 건강한 네 자신이,
위대한 정신을 지닌 네 자신이. *니체*

기만 다른 사람을 기만하기는 어렵다.
자기기만은 수시로 발생한다.

역사는 기만의 미시시피강이다. *볼테르*

자기기만이 없는 판단은 있을 수 없다. *헬렌 슈크만*

아이들은 과자로 속이고 어른은 맹세로 속인다. *리산드로스*

직접 만든 행복은 사람을 기만하지 않는다.
그것은 배우는 일이다. *알랭*

경험이 없는 사람은 쉽게 기만당한다. 일단 구체적인 사항을
이해하면 그들은 더이상 기만당하지 않는다. *마키아벨리*

일의 가치에 대해서나 또는 일이 쉽고 어려움에 대하여 자기를
기만하지 않는 사람은 능히 훌륭한 일을 할 수 있는 것이다.
러셀

사랑에 대한 오해. 스스로를 종속시키며 주어 버리는
그런 예속적인 사랑이 있다. 그런 사랑은 그러면서
스스로를 이상화하고 기만한다. *니체*

데모스여, 그대의 권력은 실로 막강하며, 그대를 참주인양 다들
두려워한다오. 하지만 그대는 쉬이 오도되고, 아부와 기만의 제물
이 되기를 좋아해요. *아리스토파네스*

기억 아름답게 남는 추억을 기억하라.
　　　　고통스럽던 옛일은 지워버리자.

기억해야 함을 기억하라. *마이클 백위스*

기억하라. 신용이 곧 돈이다. *벤자민 프랭클린*

기억의 자연법칙은 인상, 반복, 연상의 세 가지다. *데일 카네기*

미덕을 실천한 선현들 가운데 한 분을 항상 기억하라.
아우렐리우스

기대하는 바에 마음이 더 쏠릴수록
기억할 힘은 덜 남게 되는 법이다. *세네카*

시간과 기억은 진정한 예술가이다.
그것은 실재를 자기 취향대로 바꿔버린다. *듀이*

집중력은 3시와 14시 무렵이 가장 떨어지고
기억력은 아침이 가장 좋다. *미하엘 마데야*

기억의 빛을 주고, 목소리를 주고, 활력을 주는 것
역시 이 노력의 대상인 것이다. *키케로*

우리는 이 세상에 살고있는 것이 아니라
이 세상을 지나가고 있다는 사실을 기억하라. *톨스토이*

기적 우리는 늘 기적을 행하고 있다.
　　　네 자신이 기적이 되어보라.

오, 인간이란 참으로 위대한 기적이라오! *피코 델라 미란돌라*

마음속의 잔물결을 잠재우면 모든 기적이 일어난다. *파탄잘리*

이 세상에서 부족한 것은 기적이 아니다.
부족한 것은 감탄이다. *체스터턴*

사람들을 솔직하게 칭찬하면 어떤 기적을
이룰 수 있을지 상상해보라. *데일 카네기*

사랑이 기적을 실행하지 못하면
사랑의 신싱함을 만들지 못하는 것이겠지요. *아베 프레보*

참으로 사랑하고 사랑받는다는 것은
젊은 시절의 아름다운 기적이니까 말이다. *위고*

삶이 기적이다. 살아 있는 모든 사람, 그 삶이 주는 모든 희노애락을 두 팔 벌려 보듬어 내고 살아내는 것, 그것이 기적이다. *도스토예프스키*

인생에는 두 가지 삶밖에 없다. 한 가지는 기적 같은 건 없다고 믿는 삶. 또 한 가지는 모든 것이 기적이라고 믿는 삶. 내가 생각하는 인생은 후자이다. *아인슈타인*

기쁨 사람들이 기뻐하는 모습을 보며 어떤 사람은
　　　　최고의 행복감을 가진다.

사는 것이 기쁨이고 법칙이다. *윌리엄 샤로얀*

기뻐하라! 즐거워하라! 삶의 목표는 기쁨이다. *톨스토이*

기쁨과 사랑은 위대한 업적의 두 날개와도 같은 것일세. *괴테*

모든 것은 자기 본성으로 돌아갈 때 기쁨을 누릴 수 있다. *격언*

가장 적은 것을 필요로 하는 사람이 가장
사치스런 큰 기쁨을 느낀다. *에피쿠로스*

사랑은 기쁨의 원천이 된다. 또한
사랑이 없으면 인생은 고통임을 면치 못한다. *러셀*

예기치 않은 뜻밖의 기쁨은 그 크기에서
다른 어떤 행복도 능가하는 까닭에. *소포클레스*

모든 마음의 기쁨과 만족은 남을 자기와 비교해서
자기를 높이 생각하는 우월감을 갖는 데서 기인한다. *홉스*

가슴 안에 분노와 증오가 불붙을 때마다 지옥을 경험하고, 적을 용서하고 잘못을 뉘우치고 가난한 사람들과 가진 것을 나눌 때마다 천상의 기쁨을 누린다. *유발하라리*

기회   모든 순간에 펼쳐지는 기회를 알아차릴 수
있도록 미리 준비하고 계획하라.

현명한 사람은 기회를 발견한다기보다 오히려 만든다. *베이컨*

작은 기회가 위대한 사업의 시작인 경우가 많다.
데모스테네스

상대의 의중을 헤아리는 사람은 기회를 선점할 수 있다.
그라시안

기회는 자기 자신을 돕지 않는 사람을 결코 돕지않는다.
소포클레스

나는 실수나 잘못, 실패를 배움과 성장의 기회로 생각한다.
조지프 펠레그리노

비관론자는 모든 기회에서 어려움을 보고,
낙관론자는 모든 어려움에서 기회를 본다. *처칠*

우리는 해결할 수 없는 문제처럼 교묘하게 위장한
중요한 기회들과 계속 만난다. 존 *가드너*

크나큰 곤란에 부딪쳤을 때는 기회를 만들어 내려 하지 말고,
눈앞에 있는 기회를 살리는 쪽에 온갖 힘을 기울여야 할 것이다.
로슈푸코

긴장
긴장하라. 너의 나태와 부주의가 너를 잡아먹지 못하도록.

마음의 본성이란 긴장과 번민이다. *오쇼 라즈니쉬*

완벽주의자가 되지 마라. 그것은 저주이자 긴장이다. *프리츠 펄스*

결혼생활의 긴장과 직장에서의 좌절은 나만의 문제가 아니라
우주라는 광대한 구조의 일부다. *알랭 드 보통*

문학에 의해서 기분을 상쾌하게 하는 일 없이
정신이 이 정도의 긴장에 견딜 수 있다고 생각하나? *키케로*

당신이 가정과 직장에서 어떤 위치에 있든지 간에 긴장하지 말고,
부디 주어진 삶을 즐기고 축하하기 바란다. *자이쿠마르*

고소득자들은 남들보다 더 긴장하는 경향이 있으며, 아주 즐거운
일이나 활동에 남들보다 시간을 덜 투자한다. *프린스턴대학*

중요한 목표를 정하면 긴장이 발생한다. 이럴 때 긴장은 결코
부정적인 것이 아니며 스트레스의 의미가 아니다.
오히려 동기라고 부를만한 긴장이다. *옌스 푀르스터*

사람이란 활기찬 환경, 즉 항상 새로운 광경과 콘서트, 대화와
독서 등을 제공하는 긴장되고 변화가 많은 사회에서 살 때마다
점점 더 모든 지적인 노력을 그만둔다. *가브리엘 타르드*

길 네가 가는 그 길이 너의 길이자, 너에겐 유일한 길이다.

둘 중 하나다. 길을 찾거나, 만들거나. *한니발*

역량을 가진 사람에게는 길이 열려 있다. *나폴레옹*

남들이 가지 않는 길을 기꺼이 가라. *호아킴 데 포사다*

나 자신을 극복하는 것이 남에게 이기는 길이다. *카알 힐티*

남이야 뭐라든 너의 길을 가라. *단테 알리기에리(이하 단테)*

사랑이란 훌륭함을 낳고 기르는 것이며
불사에 이르는 길이다. *소크라테스*

사랑은 그대들의 길을 밝게 비추어 보다
높은 길을 인도하는 횃불이다. *니체*

신은 지름길로 가게 하려고
우리로 하여금 길을 잃게 만들기도 한다. *인도 사두*

발끝에 걸리적거리는 것 없고
웅덩이 없는 길은 세상에 없는 법이지요. *세르반테스*

오직 멀리 가기를 두려워하지 않는 사람만이
자신이 얼마나 멀리까지 갈 수 있는지 알게 된다. *엘리엇*

깨달음 이해의 심오한 표현이면서,
　　　　순간순간 알아차림을 깨달음이라 말한다.

깨달음, 즉 온전하고 완벽한 이해의 체험. *비구 보디*

자아에 대한 지배를 '깨달음'이라 불렀다. *디펙 초프라*

자신을 깨닫는다는 것은 겸손하다는 것과 같다. *비트겐슈타인*

현명한 자는 바보를 보고 깨달음을 얻으며 자신을 훈련한다.
그라시안

깨달음의 순간에는 감사라고 부를 만한 것도,
환희라고 부를 만한 것도 없다. *에머슨*

속세의 사람들도 수도원 안의 사람들만큼 깨달아 있다.
그것은 모든 곳에서 똑같다. *잭 콘필드*

계속적으로 그 주제에 몰두하고 의견을 공유하다 보면
부싯돌로 불이 켜지듯 돌연히 영혼에 깨달음이 온다. *플라톤*

양심은 깨달은 삶이 주는 행복이다. 깨달음의 삶은 세계의
비참에도 불구하고 행복한 삶이다. *비트겐슈타인*

자신의 참자아 속에 항상 현존하고 있는 행복과 하나가 되는
경험 속에 의식을 가지고 몰입하면 그것이 깨달음이다.
데이비드 갓맨

꽃 그대는 꽃이다. 대지를 환하게 밝히는, 오롯한
　　 한 송이 들꽃이어라.

지혜는 시간과 함께 온다
잎새는 많아도 뿌리는 하나,
내 청춘의 거짓된 나날들
햇빛 아래 잎과 꽃들을 흔들었지만,
이제는 진실 속으로 잦아들리. *예이츠*

사람은 수풀과 같고 그 영광은 모든 풀의 꽃과 같다. *솔로몬*

사람들은 도전을 받을 때 꽃피고 위협을 받을 때 시든다.
댄 길버트

사랑을 베푼다는 것은 이 세상을
꽃밭으로 만드는 위대한 열쇠이다. *로버트 스티븐슨*

만약 내가 마음의 정원에 꽃을 심지 않는다면
계속해서 잡초를 뽑아야만 한다. *존 디마티니*

약초와 독초를 길러내는 것도 똑같은 대지이다.
장미꽃도 자주 해로운 쐐기풀과 함께 어울려 피지 않는가.
오비디우스

사랑은 달콤한 꽃이다. 그러나 무서운 벼랑의 끝까지 가서
그것을 꺾을 용기를 갖지 않으면 안 된다. *스탕달*

꿈 먹어도 또 먹고, 먹고 싶어야 하는 달콤한 구름과자.

소년이여, 큰 뜻을 품어라. *클라크*

사실 내 삶은 온통 꿈이었다. *헬렌 켈러*

위대한 꿈은 언제나 도전을 받는다. *존 매킨토시*

불면증은 수면만큼이나 꿈으로 가득하다. *빅토르 위고*

행복한 꿈은, 꿈이라서가 아니라 행복하기에 실현된다.
헬렌 슈크만

외부를 바라보는 자는 꿈을 꾸고,
내면을 바라보는 자는 깨어난다. *융*

숭고한 꿈을 꾸어라, 그러면 당신은
바라는 모습대로 될 것이다. *제임스 앨런*

꿈을 이루는 길을 가로막는 걸림돌을 제거하려면
반드시 겸손이 필요하다. *존 매킨토시*

우주는 언제나 가장 빠르고 짧고 조화롭게
꿈을 이뤄줄 방법을 알고 있다. *마이크 둘리*

다른 사람들도 꿈속에 살고 있지만 그들 자신의 꿈은 아니야.
그게 나와 그들의 차이점이지. *헤르만 헤세*

ㄴ : 니은편

내 안에서 나를 흔드는 불안부터 쫓아내야 해!
내가 나를 믿지 못한다면 누가 나를 믿을 수 있겠어. *이병철*

빨리 내일 아침이 밝았으면 좋겠다.
오늘보다 신나는 일들을 할 수 있으니까. *정주영*

나 세상에 내가 있고부터, 세상이 존재하기 시작한다.
　　나를 먼저 알아가자.

세상을 알고 나를 알고 인생을 알라. *격언*

남을 위하는 것이 곧 나를 위하는 것이다. *묵자*

나의 도는 한 가지 이치로 모든 것을 꿰뚫는다. *공자*

나는 세계시민이요, 세상이 내 도시올시다. *디오게네스*

나는 느린 도보자이다. 그러나 뒤를 돌아보지는 않는다.
에이브러햄 링컨(이하 링컨)

나 자신을 모두에게 내줌으로써 아무에게도 내주지 않는다. *루소*

사람들이 나를 위해 이 세상을 한층 더
사랑하게 만들고 싶다. *니체*

나는 알고 있다.
내가 좋아하는 사람들과
함께 있는 것으로 충분하다는 것을, *월트 휘트먼*

내 안에서 나를 흔드는 불안부터 쫓아내야 해!
내가 나를 믿지 못한다면 누가 나를 믿을 수 있겠어. *이병철*

※ 이병철 : 삼성그룹 창업자 회장

나 나는 나로서 온전히 존재하고, 그대는 그대로서
   온전히 존재한다.

나를 알면 아무것도 잃을 것이 없다. *쑤린*

나를 옭아매는 것은 오직 내 마음뿐이다. *페이융*

우리는 무엇을 듣는가? 바로 나 자신을 듣는다. *블로흐*

인간이 소우주라는 말은 사실이다. 나는 나의 세계이다.
비트겐슈타인

나는 단지 내 삶을 위해 사는 날에만
진정한 행복을 알 뿐이다. *볼테르*

나는 결코 이성적인 사고 과정 중에
커다란 발견을 이룬 적이 없다. *아인슈타인*

디오게네스여, 그들이 그대를 비웃고 있소이다.
그러나 나는 비웃어지지 않소이다. *디오게네스*

결국, 내가 얻을 수 있었던 가장 크고 위대한 축복은
나 자신이었던 것이다. *안데르센*

나는 육체의 노예가 되거나 내 육체를 노예로 만들기보다는
더 위대한 일을 하기 위해 태어났다. *세네카*

나태 나태는 정신의 불건강에서 기인한다.
건강한 육체에서 건강한 생각이 나온다.

나태는 오만의 결과이고, 노동은 허영의 결과이다. *몽테스키외*

저의 모든 어리석음은 경솔함고 태만에서 기인합니다.
샤를 보들레르

활발한 정신을 가진 사람에게 나태는
노동보다 더 고통스럽다. *에드워드 기번*

노력하는 데서 지혜와 순결이 나온다.
나태에서는 무지와 관능이 나올 뿐이다. *소로*

우리에게 있어서 빈들거림은 심약함의 소산이지만,
나태함은 빈들거림과 물러빠짐의 소산이니까요. *플라톤*

인간의 악덕에는 나태와 미신이라는 두 가지 근원이 있으며,
또한 미덕에도 활동과 지성이라는 두 가지가 있다. *톨스토이*

오늘날 인간들의 자질을 망쳐놓는 것은 나태이며 소수를 제외하고는 우리 모두 그 속에서 살아가고 있소. *롱기누스*

질투가 인간의 마음을 눈멀게 하고 분노가 사람을 혼란에 빠뜨린다면, 나태는 사람을 침울하고 우울하고 짜증나게 합니다.
제프리 초서

남성 남성에게 기대되는 가치는 힘, 관용, 용기다.

남자는 인정을, 여자는 흠모를 원한다. *에바 일루즈*

남자의 마음을 끄는 성공은 정복하는 것이며,
보유하는 것은 아니다. *스탕달*

남자의 자유의지란 자기 대신 결정을 내려 줄 여자를 선택하는 데에서 발휘된다. *베르나르 베르베르*

한 남자가 얻을 수 있는 것으로 양처보다
나은 것이 없고, 악처보다 못한 것은 없다. *헤시오도스*

신이 여자들을 창조한 것은 오로지 남자들을 길들이기 위해서일 뿐이라는 점을 인정해야 한다. *볼테르*

연구에 따르면, 남성이 말하기 전 취하는 자세는 여성이 느끼는 첫인상의 55%를 좌우한다. *레슬리 베커 펠프스*

남자에게 있어서 불행한 것은 아무것도 없다. 있다고 한다면, 그 것은 오직 천지자연 속에 있는 무언가를 사람이 불행하다고 생각한다는 점뿐이다. *세네카*

젊은 여인의 첫 투정을 받아넘기지 못하는 남자들은 포도알이 시다고 해서 다 익은 포도송이를 남에게 넘겨주는 사람보다 나을 게 없다. *플루타르코스*

내일　태양은 내일도 어김없이 아침을 밝힌다.
　　　　오늘에 살고 밝은 내일을 희망한다.

오늘 할 일을 내일로 미루지 마라. *하버드대 도서관 벽*

만일 우리가 오늘을 돌보면 신은 분명히 내일을 돌보실 것이다.
간디

걱정은 내일의 슬픔을 덜어주는 것이 아니라
오늘의 힘을 앗아간다. *코리 텐 붐*

오늘의 하루는 내일의 두 배 가치가 있다.
오늘 일을 내일로 미루지 마라. *벤자민 프랭클린*

어제는 이미 지나갔고, 내일은 아직 오지 않았다.
내 인생 최고의 날은 바로 오늘이다. *쑤린*

빨리 내일 아침이 밝았으면 좋겠다.
오늘보다 신나는 일들을 할 수 있으니까. *정주영*

오늘의 나는 어제 내가 한 선택의 결과이며,
내일의 나는 오늘 내가 한 선택의 결과이다. *니체*

내일 일을 걱정하지 말라. 내일은 내일 스스로가 맡을 것이니.
그날의 괴로움은 그날로 족하다. *성서*

　※ 정주영 : 현대그룹 창업자 회장

냉정함 혼란 속에서도 이성을 바탕으로 침착성과
 냉정함을 유지하라.

냉정한 조언은 은혜가 된다. *세네카*

냉정하지 않으면 멀리 내다볼 수 없다. *제갈량*

어떤 사람은 용감하지만 조급하며,
어떤 사람은 신중하지만 냉정하다. *라퐁텐*

만일 당신이 압도적인 힘을 얻고 싶다면,
마음의 평정과 냉정함을 계발해야 한다. *제임스 앨런*

갑자기 운을 얻으면 모험가나 침착하지 못한 사람이 된다.
그러나 고생 끝에 운을 얻으면 유능한 사람이 된다. *메이건*

마음이 따뜻한 사람은 사태를 냉정하게 관찰하거나
판단하는 능력이 떨어지는 경우가 적지 않다.
애드거 앨런 포

몸과 마음이 변함없이 침착한 사람들은 좋은 기질을 갖추고 있어
서 유익한 미덕을 발휘할 수 있는 사람이다. *니체*

최고선은 경험으로부터의 현명함이며, 침착함과 냉정함이며, 다른
사람과의 관계에서 정중함과 심사숙고함을 보이는 정신력이다.
세네카

노력 노력과 시간과 자금을 투자하면 모든 일을
      해낼 수 있다.

노력은 모든 것을 정복한다. *베르길리우스*

사랑을 받기보다 더 사랑하려고 항상 노력하라. *니체*

천재란 1%의 영감과 99%의 노력으로 이루어진다. *에디슨*

보다나은 인간이 되기 위해 노력하고 또 노력하라.
에픽테토스

남을 구원하고자 하는 노력만이 자기 자신을
구원하는 길이다. *니코스 카잔차키스 (이하 카잔차키스)*

우리의 세속적인 노력이 근거하고 있는 원칙은
무관심과 이기주의다. *오비디우스*

노력하고, 실패하고, 또다시 노력하는 과정에
너무나 많은 아름다움이 있다. *엘리 핀켈*

아직 무언가 바라고 노력할 것이 남아 있을 때가
그래도 제일 행복한 법이다. *쇼펜하우어*

하나의 노력으로 열 가지 일에 도전하기보다는
열 개의 노력으로 한 가지 일에 집중할 필요가 있다. *그라시안*

노예 주체성 없이 노예로 살것인가? 이 우주의
       주인으로 살겠는가?

예속의 날은 미덕의 반을 앗아간다. *호메로스*

죄를 짓는 사람은 죄의 노예가 된다. *제프리 초서*

덕에 대한 보상은 자유인이 아니라
노예에게나 용인되는 것이다. *스피노자*

자기 정욕의 노예가 되는 것은 노예 중에서도
가장 천한 노예이다. *유대 경전*

인간은 노예근성에 젖어 있어서 자유를 박탈당하면
쉽사리 순종하는 법을 배운다. *괴테*

낭비가 심한 자들은 쾌락의 노예,
인색한 자들은 일의 노예가 되는 것이다. *플루타르코스*

세상에 자유로운 사람은 아무도 없구나.
사람은 돈의 노예가 아니면 필연의 노예고, *에우리피데스*

감정으로 움직이는 사람을 '노예'라 부르고
이성으로 움직이는 사람을 '자유로운 사람'이라 부른다. *스피노자*

남에게 자신의 비밀을 털어놓는 자는 자신을 그의 노예로 만드는
것이다. 그러니 비밀은 듣지도 말고 말하지도 말라. *그라시안*

노인 나이 들수록 소중한 것들은 사랑과 가족, 그리고
          정신적 풍요이다.

젊어서 원한 것은 노년에 풍성하게 이루어진다. *괴테*

아직 늦지 않은 나이다. 시간도 아직 다 하지 않았다. *이소*

죽어가는 노인은 불타고 있는 도서관과 같다. *아프리카 속담*

참으로 노년의 가장 뛰어난 명예는 바로 이 영향력이네. *키케로*

노인이 없으면 누구나 나이 먹는다는
사실을 잊어버리고 만다. *헨리 나우웬*

단지 나이를 먹어서 늙는 것이 아니라
이상을 잃어서 늙어간다. *사무엘 울만*

늙어 가지고 젊은 시절의 추억에
코를 처박는 것처럼 무서운 것은 없단다. *모파상*

마음이 연구와 학문에서 영양분을 섭취할 수 있다면,
노년보다 더 즐거운 것은 아무것도 없을 것이네. *키케로*

노인의 아름다움은 피할 수 없는 노년을 괴롭히는 온갖 추한
것들은 멀리함으로써 남에게 폐를 끼치지 않는 것이다.
아리스토텔레스

놀이 놀이로서 긴장감을 해소하고 마음을 쾌활하고
      넓어지게 하자.

일은 놀이다. *앤서니 라빈스*

놀이는 가능성이 가득한 환희다. *마틴 부버*

신은 주사위 놀이를 하지 않는다. *아인슈타인*

놀이가 아닌 것은 아무것도 하지 마라. *조지프 캠벨*

상상력은 말하자면 형태를 관조하는 가운데 놀이한다. *칸트*

삶의 '위대한 세 영역'은 사랑, 일, 놀이이다. *마틴 셀리그만*

나는 평생 하루도 일을하지 않았다.
그것은 모두 재미있는 놀이였다. *에디슨*

현실사회에서는 부정되어있는 충동을 해소시키기 위한
배출구를 제공하는 것이 놀이의 기능이다. *칼 메닝거*

모든 남녀가 바로 이 '진지한' 삶의 방식에 좇아 가장 훌륭한
놀이를 하면서 그렇게 일생을 보내야만 한다. *플라톤*

인간이 자연에 의해서 태어나게된 것은 놀이나 기분 전환을 위해
서가 아니라, 진지함과 더욱 중요하고 커다란 열의를 위해서이다.
키케로

농담　위트와 유머가 빠진 농담은 좋게 들릴리 없다.

가루는 칠수록 고와지고, 말은 할수록 거칠어진다. *속담*

무례한 농담이 사실에 너무 기초하고 있으면
쓰라린 기억을 남긴다. *마키아벨리*

설명된 농담은 이미 농담이 아니다.
재담에 주석을 다는 사람은 모두 바보이다. *볼테르*

아픔을 준다면 그것은 농담이 아니고, 제삼자에게 손해가 된다면
쓸모 있는 심심풀이가 될 수 없다. *세르반테스*

실제로 농담이 나무랄 데 없는 진실을 근거로 삼을 때에는 훨씬
훗날까지 원한이 마음에 사무치게 마련이다. *타키투스*

누구든 천박하고 악의적인 농담을 방탕하게 즐기는 사람은 언젠
가 그를 삼킬 구덩이 근처에서 뛰어노는 것과 같다. *플루타르코스*

그가 당신을 멸시하거나 당신이 농담하는 것으로 지각한다면,
당신이 무슨 말을 하건 간에 당신의 말은 그에게 아무런
영향도 미칠 수 없다. *흄*

혹평, 농담, 풍자, 비웃음은 거만하고 지나치게 야심적인
사람을 약화시키는 강력한 무기이다. 비꼬기(put-down)도
좋은 무기이다. *에드워드 윌슨*

뇌 인간의 몸 중에서 분석하기도, 접근하기도 어려운
우주 신비의 중심.

우리는 눈으로 보지 않는다. 우리는 뇌로 본다. *샘 킨*

두뇌의 생각이 멈출 때 자기 암시를 하라. *에밀리 쿠에*

이 그림을 보고 두뇌와 상상력이 쉴 수 있도록 말이야. *고흐*

원래 지성은 객관적으로는 뇌라는 형태로 나타난다. *쇼펜하우어*

본인이 어떤 의도로 생각하고 말하고
행동하느냐에 따라 그 삶이 창조된다. *붓다*

도벽증 환자들은 뇌 안의 세로토닌 분비가
부족하다는 사실이 밝혀졌다. *스티븐 후안*

타인을 측은히 여기면 행복과 관련된 뇌 영역이
활성화되고 면역 기능이 좋아진다. *켈트너*

정신은 뇌 신경 기구의 부수적인 현상이라고
설명하는 편이 더 정확할 것이다. *에드워드 윌슨*

당신들은 보고 있지만 보고 있는 게 아니다. 그저 보지만
말고 생각하라! 표면적인 것 배후에 숨어 있는 놀라운 속성을
찾으라! 눈이 아니고 마음으로 보라. *피카소*

ㄷ : 디귿편

덕을 행하여 당하는 질타는 질타가 아니라 명예이다. *키케로*

독서는 완성된 사람을 만든다. *프랜시스 베이컨*

다양성 생각과 생김새 모두 다르다. 다름을 인정하고
　　　　　다양성을 이해하자.

늘 다양하고 언제나 새로운 세상이 되도록 하세요. *라퐁텐*

인간 정신이 처한 불완전한 상태에서는
의견의 다양성이 진리에게 이익이 된다. *밀*

다양하면서 모든 것이고, 넓고 충일한 것,
이것이야말로 진정으로 위대한 것이다. *니체*

학문의 커다란 가지들 사이의 간격이 좁아지는 만큼
지식의 다양성과 깊이는 심화될 것이다. *에드워드 윌슨*

사람들이 인생에서 겪는 나양한 변화에 대한 반응이
스트레스라는 하나의 개념으로 통합된다. *존 카밧진*

물리적인 다양성이 줄어들면 훨씬 더 풍부하고 만족스러운
지적. 도덕적 다양성이 그 자리를 대신한다. *훔볼트*

유럽을 유럽답게 만든 요인, 그것은 바로
성격과 문화의 놀라운 다양성이다. 개인이나 계급,
그리고 민족이 극단적으로 서로 다르다. *밀*

오늘날에는 거의 사람 수만큼이나 다양한 견해가 있건만, 다른
사람이 자신과 견해가 같지 않다면 조금도 참으려 하지 않는다.
슈테판 츠바이크

대화 의견과 고민을 들어주고 감응해주는 대화다운
  대화를 만들어보자.

신뢰는 재치보다도 대화를 기름지게 한다. *로슈푸코*

사람이 대화를 하거나 독서를 할 때
상대방의 말을 안 듣고 자기 말을 듣는다. *괴테*

우리는 어떤 질책도 들어있지 않고 오직
기쁘게만 하는 대화를 의심해야 한다. *플루타르코스*

사람들과의 생활은 신이 보고 있는 것처럼 하고,
신과의 대화는 사람이 듣고 있는 것처럼 하라. *세네카*

시인의 목적이 '기쁜 대화로 서로 즐겁게 한다'이 듯이
친구 또한 마찬가지다. *플루타르코스*

두 사람이 대화를 하는 곳에서 한 사람이 화를 낸다면
그 논쟁에서 지는 사람이 현명한 것이다. *에우리피데스*

우리가 하는 독서나 대화나 사고는
하나같이 극히 낮은 수준으로, 피그미족 같은
난쟁이들의 수준에 머물러 있다. *소로*

가장 주의해야 할 것은 대화할 때 대화를 나누는 사람들을 존경
하고, 아끼고 있는 것으로 보이게 해야 한다는 점이다. *키케로*

덕   덕이 공동체를 이끌어가는 바탕이자 근본이다.
        덕부터 쌓아나가자.

덕은 날로 새롭게 하는 데 있다. *대학*

날로 새로워지는 것을 성대한 덕이라 이른다. *주역*

지복은 덕에 대한 보상이 아니라 덕 그 자체다. *스피노자*

덕을 행하여 당하는 질타는 질타가 아니라 명예이다. *키케로*

덕은 쾌락을 주는 것이 아니고 쾌락까지도 주는 것이다. *세네카*

덕은 일종의 건강이며 아름다움이며
영혼의 좋은 존재 형식이다. *플라톤*

덕이란 아름다운 것을 추구하면서
그것을 창출하는 능력을 가지는 것이다. *메논*

먼저 자신을 알고 나면 삶의 목적이 무엇인지도 알 수 있다.
자신의 한계를 아는 것은 세상을 살아가는 첫 번째 덕목이다.
그라시안

자기에 대한 연약함 내지 관대함과 타인에 대한 가혹함과는
똑같은 하나의 악덕이라는 것이, 경험에 의해서 입증되고 있다.
라 브뤼예르

도전 인생은 쉴 틈 없이 도전의 연속이어야 한다.
역사가 그러했다.

웅대한 계획에 용감히 도전하고 쓰러졌도다. *세네카*

도저히 빠져나올 수 없는 난관은 고통이 아니라 도전이다.
옌스 피르스터

우정은 비겁의 한 형태일 뿐이며,
사랑이라는 더 큰 책임과 도전을 회피하는 것이다.
프루스트

보다높은 인간은 두려움을 모르는 태도와 언제든 불행에 도전
하려는 자세로 낮은 인간과 뚜렷이 구분된다. *니체*

어려움은 자기 자신에게 도전할 수 있는 기회이며, 노력에 대한
보상은 더 크게 돌아올 것이다. *데이비드 포트럭*

세상의 중요한 업적 중 대부분은 희망이 보이지 않는 상황에서도
끊임없이 도전한 사람들이 이루어낸 것이다. *데일 카네기*

힘든 일을 만나더라도 피하지 말고 도전하라.
최대한 노력할 수 있는 기회를 절대로 놓치지 마라.
고생을 피하지 마라, 무익한 고생이란 것은 없다.
이런 원칙을 실천할 때 육체와 영혼이 함께 튼튼해지는 법이다.
쥘 베른

독서 독서를 하는 사람은 상상력과 창의력이
머릿속에서 춤을 춘다.

독서는 완성된 사람을 만든다. *베이컨*

나는 한 시간의 독서로 누그러들지 않는 어떤 슬픔도 알지 못한다.
몽테스키외

정신 활동을 수반하지 않는 여가는 죽음이며
인간을 생매장하는 것이다. *세네카*

독서는 일종의 탐험이어서 신대륙을 탐험하고
미래를 개척하는 것과 같다. *듀이*

외부의 사물 맛은 오래되면 싫증나지만,
독서의 맛은 시간이 갈수록 깊어진다. *정이*

책은 최고의 기쁨을 준다. 독서의 기쁨을 아는 자는
재난에 맞설 방편을 얻은 것이다. *에머슨*

읽은 것을 모두 기억하기를 바라는 것은 먹은 것을 모두
몸에 지니고 다니기를 바라는 것과 같다. *쇼펜하우어*

독서는 자아를 분열시킨다. 즉
자아의 상당 부분이 독서와 함께 산산이 흩어진다.
이는 결코 슬퍼할 일이 아니다. *해럴드 블룸*

돈 돈이 전부인지 아닌지를 아는 자는 나이를 먹은
사람이다.

돈은 주조된 자유다. *도스토예프스키*

돈이 쌓이면 덕은 따라오게 마련입니다. *호라티우스*

돈이면 귀신도 부리고 돈 준다면 뱃속의 아이도 나온다. *속담*

네가 원하는 일을 해라. 그럼 돈은 자연히 따라올 것이다.
알렉산더 그린

물건에 대한 중독 중 가장 보편적인 것이
돈에 대한 중독이다. *존 브래드쇼*

돈은 모든 문을 열어주고 모든 장애물을
치워 버리는 황금열쇠이다. *탈무드*

소유하고 있는 돈은 자유의 도구이다.
쫓아다니는 돈은 속박의 도구이다. *루소*

우리가 한때 '신을 위하여'라고 했던 것을
우리는 이제 '돈을 위하여'라고 한다. *니체*

인생에 있어 돈이 충족시킬 수 있는 분량은
전 인생의 12분의 1에 불과하다. <u>오 헨리</u>

동물 동물도 세상에서 같이 살아가는 동반자이다.
　　　그들을 존중하라.

인간은 합리적인 동물이라기보다는 합리화하는 동물이다.
페스팅거

인간만이 얼굴이 붉어지는 동물이다.
혹은 그렇게 할 필요가 있는 동물이다. *마크 트웨인*

모든 동물들 중에서 인간이 지나치게 행동하는 경향이 가장 많다.
지나침에서 죄를 짓지 않은 생물은 없다. *라퐁텐*

인간은 부끄러워하는 혹은 부끄러움이 필요한 유일한 동물이다.
부끄러움을 느끼지 못하는 것이 곧 부끄러운 일이다. *크릴로프*

생명력과 형식은 창조의 두 가지 양상이다. 인간의 존재는 분명
그의 창조적 능력에 의해 동물과 구별된다. *라인홀드 니버*

대부분의 인간은 나약하고 비겁한 동물이다. 그렇기 때문에 자유
를 수호할 수도 없거니와 진리와 접할 줄도 모른다. *조지 오웰*

사람은 완성되었을 때 동물 중에서 가장 뛰어난 존재이지만, 법과
정의가 없으면 가장 나쁜 동물로 전락하고 만다. *아리스토텔레스*

자기 자신을 알지 못하는 것은 다른 동물들에게는 본성에 속하는
것이나 인간에게는 악덕이 되는 법이다. *보에티우스*

동정 동정받으려고만 하는 것은 노예에 가깝다.
　　　　사랑을 주고받으라.

동정하느니 시기하는 편이 낫다. *격언*

동정은 최고의 모욕이다. 나는 동정하는 자들을 비난한다. *니체*

동정은 가장 뒤떨어진 자들에게서 가장
흔히 볼 수 있는 결점입니다. *세네카*

우리는 엄격을 가장하여 잔혹함에, 또
관용을 가장하여 동정에 빠진다. *세네카*

사랑하라, 선한 이들을 정당하게,
동정하라, 악한 자들을 위해. *보에티우스*

사랑과 동정이 없는 분위기에서 사는 사람은
쉽게 병이 드는 것을 볼 수 있다. *케네스 해긴*

사람은 선함과 신중함을 잃어버릴 때 불행해진다. 이런 사람이
진실로 불행하고 동정받아야 한다. *에픽테토스*

진실이 눈앞에 보이는데도 그것을 일부러 받아들이지 않는 사람
은 없다. 단지 그 진실을 이해할 수 없기 때문에 못 받아들이는
것뿐이다. 그러므로 실수를 하는 사람들을 보면 화를 내기보다는
동정해 주어야 한다. *에픽테토스*

두려움 두려움에 떨 시간조차 없도록,
　　　　희망과 열정에 매진하라.

두려움과 상의하지 마라. *스톤월 잭슨*

폭력은 두려움과 절망, 외로움의 표현이다. *틱낫한*

우리가 두려워해야 할 것은 두려움 그 자체다. *루즈벨트*

결국은 두려움이 모든 일의 근원이라는 느낌이 든다.
알랭 드 보통

두려움은 희망 없이 있을 수 없고
희망은 두려움 없이 있을 수 없다. *스피노자*

모든 사람의 행동은 믿음과 두려움 중 하나로부터
비롯된답니다. *앤디 앤드루스*

명성과 부귀에 대한 욕망의 바탕에는
삶에 대한 두려움이 자리 잡고 있다. *임어당*

아무것도 두렵지 않다면, 사람들 중에 누가
언제나 의로울 수 있겠는가? *아이스퀼로스*

가장 용기 있는 사람의 가르침이란, 겁을 먹는 것은 노예라는 생각을 갖게 해서 두려움 없고 겁 없게 만드는 것이라네. *플라톤*

ㅁ : 미음편

인간에게 가장 궁극적인 목적은 바로 행복이다.
아리스토텔레스

어제와 같은 삶을 살면서
다른 미래를 기대하는 것은 정신병 초기 증세다.
알베르트 아인슈타인

마음 마음이 한다. 마음이 정한다. 기쁨과 슬픔,
모든 것을 만들어낸다.

마음의 근육을 단련하라! *니체*

마음의 쾌락보다 더 큰 쾌락은 있을 수 없다네. *키케로*

자기의 마음을 다스리는 사람은 성을 점령한 사람보다 낫다. *성서*

마음은 한없이 넓어 그 끝에 이를 수는 없는 것이다.
헤라클레이토스

마음은 상상할 수 있는 것은 무엇이든 성취할 수 있다.
클레멘트 스톤

산속의 적은 물리치기 쉽지만, 마음속의 적은 물리치기 어렵다.
왕양명

아무리 좋은 선한 일을 한다 해도
마음에 사랑이 없는 일들은 위선에 지나지 않는다. *성서*

마음이 큰 사람이란 남의 것을 아낌없이 주는 사람이 아니라,
자신의 것을 줄이고 남에게 베푸는 사람을 말한다. *세네카*

위대한 마음을 가진 사람들은 비밀스런 힘을 끊임없이
발휘하여, 위대한 일들만을 계속하여 끌어들인다. *에머슨*

만족 태어난 것에, 살아 있는 것에, 조금이라도
가진 것에, 만족하라.

만족의 원천은 마르지 않는다. *루소*

만족할 줄 모르는 사람은 고달프니라. *위고*

생각하기를 시작한 사람이라면 누구도 만족하지 못해.
헤르만 헤세

선한 사람들은 다른 사람들이
진짜로 하는 일을 꿈꾸는 것으로 만족한다. *플라톤*

매우 까다로운 사람들은 불행하다.
아무것도 그들을 만족시킬 수 없으니까. *라퐁텐*

만족하여 행복해하는 살찐 돼지 보다
불만하여 투정하는 말라빠진 소크라테스가 낫다. *밀*

인간에게 행복이란 고상하게 살아감으로써 얻어지는
정신적인 만족 상태이다. *소크라테스*

겸허한 마음으로 일생을 돌이켜 보면 모든 것이 행복이요,
기쁨 아닌 것이 없고 만족 아닌 것이 없다. *톨스토이*

사람들을 희망에 묶어두되 결코 만족시키지 말라. 그보다는
그 종속이 언제까지나 불가피하게 이어지도록 하라. *그라시안*

말 말이 시작이다. 자신의 품위도 비열함도,
위대함도 말에서 비롯된다.

말할 때는 유언을 하듯이 하라. *그라시안*

말할 줄 아는 사람은 말할 때도 아는 법이지요.
플루타르코스

무례한 사람들과 어울리지 말라. 그들의 말은 독과 같다. *속담*

가장 가벼운 말 때문에 가장 무거운 벌을 받는 것이다. *플라톤*

(항상) '좋다, 좋다!'고 말하라. 혹은 '좋다'는 말만 하라.
마누법전

그대는 모르시오. 노여움에 병든 마음에는
말이 곧 의사라는 것도? *아이스퀼로스*

생각하자마자 큰 소리로 말할 수 없는 것은
마음에 품지도 생각하지도 말라. *아우렐리우스*

오직 한마디 말 만이 그 모든 수고를 보상 할 수 있다.
그것은 사랑이다. *소포클레스*

가장 조용한 말이 폭풍을 몰고 오고
비둘기의 발로 걸어온 사상이 세상을 움직인다. *니체*

망각 망각의 강 건너로 보내야 할 것들에 미련을 갖지 마라.

진정한 당신을 찾을지어다. *핀다로스*

들은 것은 잊어버리고, 본 것은 기억하고,
직접 해본 것은 이해한다. *격언*

망각이 없다면 행복도 명랑함도 희망도
자부심도 현재도 있을 수 없다. *니체*

어떤 일이든 바로잡는 데 쓰일 돈들이 망각에 빠지게 하는
다양한 수단을 얻는 데 쓰이는 것이다. *고골*

사람들이 탁 트인 자연을 찾는 것도 자신을 발견하기 위해서가
아니라 자신을 잃고 망각하기 위해서이다. *니체*

웃게 한다는 것은 잊게 한다는 것이다. 망각을 나누어 주는 자여,
그대는 이 지상에서 얼마나 고마운 일을 베풀고 있는 것인가!
위고

인간은 자신이 아닌 것을 사랑하기 위해 생기는 지향으로
자신을 넘어서고, 자신을 망각하는 정도만큼 그 자신이 된다.
빅터 프랭클

육신의 모든 것은 강이고, 영혼의 모든 것은 꿈이요 연기이다. 또
한 삶은 전쟁이자 나그네의 체류이며, 사후의 명성은 망각이다.
아우렐리우스

망상 과대망상이 더 문제인 걸 아시죠.
　　　　 망상이 아닌지 들여다보세요.

인간의 제도 속에 있는 것은 모두 망상이며 모순일 뿐이다. *루소*

헛된 생각이란 없다. 생각은
어느 수준에선가 형태를 낳는다. *헬렌 슈크만*

탐욕과 같은 불은 없고, 분노와 같은 마수는 없고,
망상과 같은 그물은 없다. *법구경*

과거를 긍정적으로 보는 현상은 전형적인 수많은
'긍정적 망상' 중 하나이다. *옌스 피르스터*

누군가 망상에 시달리면 정신 이상이라고 한다.
다수가 망상에 시달리면 종교라고 한다. *로버트 퍼시그*

욕망이 없어지지 않는 것은 욕망 자체의 본성 탓은 아니고
그 사람의 헛된 망상에 따른 것이다. *에피쿠로스*

논리나 현실에 근거한 주장과는 전혀 다른 이런 유형의
관념을 일반적으로 '망상'이라 부릅니다. *프로이트*

객관적으로 이성을 사용한다는 것은 겸손한 태도를 취할 때 그리고 어릴적에 가졌던 전지전능의 망상에서 벗어날 때만 가능하다.
오비디우스

매력 겉모습의 화려함 보다는 인간적인 매력을 갖도록
애써야 한다.

매력의 가장 기본적인 요소는 자신을 잊고
상대방에게 몰두하는 능력이다. *엘리너 루스벨트*

매력적인 얼굴은 뇌의 보상 영역을 활성화하고
신뢰, 성적 매력, 성관계를 부추긴다. *에릭 캔델*

우리의 영혼이 한번 사랑의 매력을 맛본다면
그 이후에 거두어들이는 건 불가능해요. *피에르 코르네유*

아름다운 것, 매력이 있는 것, 멋있고 훌륭한 것에는
어쩔 수 없이 끌려갈 수밖에 없지요. *귀스타브 플로베르*

남을 기분 좋게 하는 자석 같은 매력이 있으면 모든 일에서
실제 이익보다 더 큰 호의를 얻을 수 있다. *그라시안*

명쾌한 배열의 장점과 매력은 내가 알기로는
지금 이 순간 꼭 필요한 말만 하고 나머지는
모두 뒤로 미루어 지금은 말하지 않는 데 있습니다. *호라티우스*

배우자를 연인으로 만드는 모든 기술을 행하시오.
평소의 매력을 사용하시오. 배우자를
사랑의 왕국에서 가장 행복하게 만드시오.
그를 기쁘게 할 수 있는 100가지 방법들을 찾으시오. *라퐁텐*

명상 호흡에 집중하여, 네 자신으로 돌아가,
떠오르는 생각을 느껴보라.

명상은 지금 있는 그대로의 자신, 곧 그대의
진정한 존재에 도달한다. *스미 라마나 마하리쉬*

명상은 자각, 보다 열린 마음, 따뜻한 시선으로
매 순간 존재하는 법을 가르칩니다. *잭 콘필드*

명상은 마음의 방황을 바라보며 그 방황을 인정하고
다시 호흡으로 돌아오는 것입니다. *잭 콘필드*

실제로 이러한 집중적 명상은 최고의 활동이며 내적 자유와
독립의 상황에서만 행할 수 있는 영혼의 활동이다. *프롬*

다른 사람이 감히 생각지도 못하고 있을 때 해야 할 말과 해야
할 일들이 떠오르는 것은 나의 천재성이 아니라 깊은 명상에서
비롯되었다. *나폴레옹*

우리는 곧 인간 능력의 사다리 같은 것을 생각해 내고,
그 가장 높은 것은 조용히 명상하는 능력이라고 판단을 내렸다.
앙드레 지드

사실상 요가는 시대와 장소에 따라 신비한 명상의 보다 통속적인
형식이었거나 또는 그 명상을 포괄하는 전체였던 것 같다.
베르그송

명성 위대한 명성을 가지기 위해서는 위대한 영혼을
갖추어야 한다.

온 세상이 값을 치르는 이 동전, 명성. *니체*

생각하고 자중하라! 명성에 무감각한 비겁자들이여! *플루타르코스*

명성과 실제가 부합하는 이름이야말로 진정한 이름이다. *왕위베이*

명성이나 영광이 아니라 오직 사랑만이 그 행복을 준다네. *볼테르*

사랑이 아니라 돈이 아니라 명성이 아니라
내게 진실을 달라. *소로*

본성상 명예. 명망. 명성. 영예보다 위의 것은
아무것도 없다. *키케로*

명예는 누구나 요구할 권리가 있으나,
명성은 예외적인 인물만 요구할 권리가 있다. *쇼펜하우어*

재물은 하찮은 인간에게도 찾아 들지만, 명성은 오직 탁월성을
소유한 사람만이 획득할 수 있다. *이소크라테스*

시민이여, 오로지 돈을 벌고 명성과 위신을 높이는 일에 매달리면
서 진리와 지혜와 영혼의 향상에는 생각이나 주의를 조금도 기울
이지 않는 것이 부끄럽지 않은가? *소크라테스*

명예 아뿔사, 물질을 위해서 명예를 저버리다니.

결국 명예가 생명보다 더 소중한 것이다. *파스칼*

싸움이나 다툼을 피하는 사람은 명예롭다. *솔로몬*

첫걸음부터 뒤를 돌아보는 것은 명예를 더럽히는 일이오.
피에르 코르네유

네 나이에 수단을 갖고 선행을 베푸는 것이
명예인 것이다. *톨스토이*

세상의 조롱을 감당할 수 있는 사람이
세상의 명예도 얻을 수 있다. *왕위베이*

부와 명예와 명성보다는 사랑하고 사랑받으며
사는 편이 낫다. *루시모드 몽고메리*

조건 없이, 그리고 모든 것에서 아름다운 것은
부, 건강, 명예, 장수이다. *소크라테스*

명예를 희망하고 처벌을 두렵게 하는 것은
미덕의 첫째 되는 구성요소이다. *플루타르코스*

고뇌와 싸워 굴복하지 않는 것이 첫 번째 명예에요.
둘째 번 명예는 자기 자신의 잘못을 아는 거예요. *세네카*

모방 시작은 모방으로, 결국에는 독창성으로 가야 한다.

권위가 있는 곳에서는 모방이 생긴다. *크리슈나무르티*

모방에서 성공하기보다는 창조에서 실패하는 것이 낫다.
허먼 멜빌

희극은 생활의 모방이며, 관습의 거울이고 진리의 외양이다.
키케로

법 제정을 한다는 것은 신을 모방하는 것
곧 본받는 것이다. *플라톤*

훌륭한 사람이 되거나, 아니면
훌륭한 사람을 모방하거나 해야 한다. *탈레스*

어느 시대나 진정한 영감이 부족하면 열광의 환상과
가짜의 모방술이 그것을 채우게 된다. *에드워드 기번*

내가 호메로스나 에우리피데스의 작품에서 모방한 것이 연극 무대에 일으킨 효과를 보고, 상식과 이성은 어느 시대나 마찬가지임을 깨닫고 즐거웠다. *장 라신*

남의 특성과 특색을 모방하는 것은 남의 옷을 입는 것보다 훨씬 치욕적인 것이다. 그것은 자기 자신이 무가치하다는 판단을 스스로 표현한 셈이기 때문이다. *쇼펜하우어*

모욕 모욕은 상대방을 치욕스럽게 한다.
 원수를 만드는 지름길이다.

악이란 무엇인가? 사람을 모욕하는 것이다. *니체*

모욕은 스스로 위축하는 마음의 굴종이다. *세네카*

인간이란 대개 모욕당하는 것을 좋아하지요. *도스토예프스키*

과격한 영혼의 경솔함이
하찮은 자존심을 모욕하고 웃기기 때문인가. *푸쉬킨*

나쁜 짓은 용서받을 수 있을지라도 모욕은
용서받을 수가 없다. *필립 체스터필드*

네가 비열한 종이라면, 너의 예속은
모욕이 아닌 정의이니 불평하지 마라. *토르콰토 타소*

인간이 안일을 쫓아 움직인다고 말하는 사람은
인간을 크게 모욕한 것이다. *칼라일*

위대한 마음의 특성은 평온하고 침착하며,
부정이나 모욕을 높은 곳에서 내려다봅니다. *세네카*

모욕을 받은 자는 다시 마음을 즐겁게 가지면서 자고
깨어나고 돌아다니지만, 모욕을 준 자는 파멸한다. *마누법전*

목적 기왕이면 숭고하고 인류를 위한 목적을 세우기를
바란다.

요컨대, 국가의 진정한 목적은 자유다. *스피노자*

인간의 궁극목적은 그의 도덕적 완전성에 있다. *칸트*

인간의 궁극적 목적은 완전한 이성의 성취이다. *세네카*

인간에게 가장 궁극적인 목적은 바로 행복이다. *아리스토텔레스*

인간의 실존은 실존 그 자체 안에
최고의 목적을 가지고 있다. *칸트*

생명에는 예정된 목적도 끝 모를
수수께끼 같은 것도 없다. *에드워드 윌슨*

소크라테스는 나이가 들어서 도덕성에
인생의 목적이 있다고 믿었다. *아우렐리우스*

생각건대 그것(몸의 건강과 혼의 평정함)이야말로
지복한 삶의 목적이다. *에피쿠로스*

행복을 수중에 넣는 유일한 방법은 행복 그 자체를
인생의 목적으로 생각하지 말고, 행복 이외의 어떤
다른 목적을 인생의 목적으로 삼는 일이다. *밀*

목표 달성해야 할 최우선 목표는 자기 자신의 내면에
대한 성찰이다.

드높은 희망을 삶의 최고 목표로 삼으라. *니체*

인간은 항상 선을 목표로 하고 있다고 한다. *알랭*

인생의 진정한 목표는 현재를 향유하는 것이다. *페이융*

사랑은 원천이자 목표이고, 완성의 도구이다. *헬렌 니어링*

교육의 위대한 목표는 지식이 아니라 행동이다. *허버트 스펜서*

정확한 목표가 없는 영혼은 자신을 잃어버리고 만다. *몽테뉴*

우리의 목표는 자연에 따라 살고
신들을 본받는 데 있다. *세네카*

인간은 덕의 실현을 통하여 삶의 목표인
행복을 추구할 수 있다. *아리스토텔레스*

자신의 목표를 향해 끝없이 전진하는 사람에게는
온 세상이 길을 내어 줄 것이다. *에디슨*

행복을 삶의 목표로 삼아라. 그래야 참담한 인생도
가혹하게 느끼지 않을 수 있다. *톨스토이*

무지 알려고 하지 않음, 공부하지 않음, 자만 그 자체로 무지이다.

지식은 선이고 무지는 악이다. *러셀*

무지한 자는 어리석은 것을 즐긴다. *솔로몬*

무지는 언제나 냉혹함만을 낳는다. *슈테판 츠바이크*

지식보다는 무지가 자신감을 더 자주 불러일으킨다. *다윈*

무지는 점차로 감소하지만, 허영은 계속 증가하니까요. *루소*

침묵은, 무지하고 무례한 이에 대한 최고의 대답이다. *톨스토이*

구두쇠는 무지의 사촌이자 친구라는 말이 있지 않던가? *라퐁텐*

영원히 무지하려면 자신의 의견과 지식에 만족하면 된다. *앨버트 허바드*

인생에서 일어나는 어떤 일에 놀라다니 이 얼마나 가소롭고 세상 물정 모르는 사람인가! *아우렐리우스*

잠들지 못하는 자에게 밤은 길다. 피로한 자에게는 한 걸음도 멀다. 무지한 자에게 인생은 지루하다. *에머슨*

무한 내 마음 안에 무한이 있다는 사실이 얼마나 놀라운가!

무한함은 기쁨의 원천이다. *우파니샤드*

무한에 대한 갈망이 무한을 증명한다. *위고*

사랑의 힘은 무한을 체험할 수 있는
기적을 일으키기도 하는 것이다. *밀란 쿤데라*

이성의 최후 행정은 이성을 능가하는
무한한 일들이 있다는 것을 아는 것이다. *파스칼*

좋든 나쁘든 소문이란 누군가의 입에서 일단 나오면
무한하게 커지는 법이지요.
루도비코 아리오스토(이하 아리오스토)

미립자들은 우주의 모든 정보, 지혜, 힘을 갖고 있는
무한한 가능성의 알갱이들이다. *하이젠베르크*

감사하는 태도는 마음을 열고 내면에 있는 무한한
사랑을 세상 밖으로 꺼내는 열쇠이다. *존 디마티니*

무한한 것은 우주와 인간의 어리석음, 이 두 가지뿐이다.
그런데 우주에 대해서는 확신할 수 없다. *아인슈타인*

아름다움이란 신적인 것이 지상적인 것 속에, 즉
무한한 것이 유한한 것 속에 나타나는 현상이다. *셸링*

문학 마음의 정화, 대리 만족. 위안을 문학 외에
　　　어디서 얻으려는가?

문학의 목적은 기쁨과 가르침을 주는 것이다. *호라티우스*

문학은 인간이 어떻게 극복하고 살아가는가를 가르친다.
윌리엄 포크너

인간의 영혼은 언제나 창작적 환상인
문학 안에서만 드러난다. *슈테판 츠바이크*

우리가 철자를 익혔다면 그다음에는
문학작품 중 최고만 읽어야 한다고 생각한다. *소로*

모든 순화와 윤리적 완성은 문학의 정신에서,
인간 존중이라는 이러한 정신에서 비롯된다. *토마스 만*

문학의 역할 중 하나는 불행과 고통으로부터 최소한
한 방울의 위안 또는 인정을 뽑아내는 것이다. *아모스 오즈*

추억 속에서 문학에 대한 사랑은 모든 짧은 사랑, 사람에 대한
사랑에 비해 큰 우위를 지닌다. *프랑수와즈 사강*

격언은 언제나 이성의 문학이고 아무런 수식도 없는
절대 진리의 말이다. 격언은 말하자면 각 민족의
성전과 같이 직관의 성소이다. *에머슨*

미 인간을 아름답게 해주는 미, 미는 사랑이 그의 원재료다.

미를 떠나서 진리는 선도 악도 아닙니다. *화이트헤드*

미의 창조는 달성, 즉 사랑의 달성을 암시한다. *타고르*

삶이 예술이며, 삶이 축복이며, 삶이 미다. *도스토옙스키*

미는 감성에 의해 인식되는 완전하고 절대적인 것이다.
바움가르텐

찬양할 만한 미의 속성이란 오로지
삶을 즐기는 데서 솟아나는 것이오. *괴테*

예술가의 목적은 미의 창조야.
무엇이 미 인지는 별개의 문제지. *제임스 조이스*

인간은 미의 여신도 운명의 여신도 아닌
유행의 여신을 섬기고 있는 것이다. *소로*

미의 탐구는 예술가가 패하기 전에
공포의 외마디 소리를 지르는 결투와 같다. *보들레르*

미와 진리는 본래 또는 이념에 따라서 볼 때 하나다. 왜냐하면
이념에 따라서 볼 때 진리는, 미와 마찬가지로, 주관적인 것과
객관적인 것의 일치이기 때문이다. *프리드리히 셸링*

미래　언제나 꿈과 희망을 간직하고,
　　　　가슴설레는 미래를 맞이하라.

미래는 행동하는 사람의 것이다. *토인비*

과거는 과거일 뿐 이제는 미래다. *볼테르*

'미래는, 미래는 나의 것이다!' *위고*

현재에 몰두하지 않는 자는 미래도 놓치게 된다.
베르나르 베르베르

어제와 같은 삶을 살면서 다른 미래를 기대하는 것은
정신병 초기 증세다. *아인슈타인*

미래의 일로 걱정하지 말라. 지금 네 눈앞의 일을 처리하고 있는
바로 그 이성이 미래의 일도 훌륭히 처리할 것이다. *아우렐리우스*

과거가 영원히 변하지 않는다는 것은 나쁜 소식이지만, 미래가
아주 다양한 모습으로 자네 손안에 있다는 것은 좋은 소식이지.
앤디 앤드루스

미래를 걱정하느라 그는 현재를 즐기지 못한다. 따라서 그는 현재
를 사는 것도 미래를 사는 것도 아니다. 마치 영원토록 죽지 않
을 것처럼 살다가 그는 삶을 실제로 살아보지도 못하고 죽는다.
달라이라마

미소 영혼이 살아 숨 쉬고 있다는 표시, 그것이
따듯한 미소다.

평화의 포로가 된 사람은 언제나 미소를 짓지요. *밀란 쿤데라*

미소를 짓지 못하는 사람은 장사를 하지 말아야 한다. *중국 속담*

사람의 얼굴이란 미소만 지어도 환하게 불이 켜진다.
헨리 제임스

진정한 미소는 당신 눈가에 주름을 만들어낸다.
레슬리 베커 펠프스

올바른 사람은 눈썹을 찌푸리는 일은 있어도 결코
악의 있는 미소는 짓지 않는다. *위고*

아, 웃음! 기쁨의 웃음, 웃음의 기쁨,
웃는다는 건 참으로 깊이 사는 것이다. *밀란 쿤데라*

미련하게 고지식하거나, 누구에게나 미소를 던지는
남자에게는 아무도 호감을 갖지 않는다. *스탕달*

삶이 주어진 모든 인간, 살아 숨 쉬는 우리는 모두 기적을 행하
는 자들이다. 그러니 자신에게 하루에 한 번은 큰 미소를 지어
보자. 열심히 오늘을 살고 있는 자신에게 장하다고 칭찬해 주자.
도스토예프스키

믿음 믿음 없이는 아무것도 행할 수 없다. 너 자신을 믿어라.

믿음은 영혼의 소독제다. *월트 휘트먼*

인간은 스스로 믿는 대로 된다. *안톤 체호프*

나를 믿어라. 믿음은 위로하고 인도하며 치유한다. *랭보*

믿음의 등불은 우리가 믿는 것을 보이게 만든다.
토마스 아퀴나스

먼저 믿음이 굳건히 서 있으면,
사랑 또한 다시 일어날 것이다. *괴테*

무의식은 우리가 마땅히 받아야 한다고
믿는 것만 갖게 한다. *데이비드 호킨스*

내게 산을 옮길 만한 믿음이 있어도
사랑이 없으면 나는 아무것도 아니다. *성서*

믿음이란 일이 생기기 전에
어떤 것이 가장 중요한지 미리 알려주는 것이다. *그라시안*

자신의 목소리에 귀 기울여라. 자신에게 충실해라.
자신을 믿어라. 마음 가는 대로 행동해라.
자신이 좋다고 느끼는 것을 해라. *루소*

ㅂ : 비읍편

이 모든 것의 시작이자 가장 큰 선은 사려 깊음이다.
에피쿠로스

단 하루일지언정, 배움을 쌓은 사람에게 있어서
그 길이는 배우지 않은 사람들의 최고령보다 길다.
루시우스 세네카

반성 자신의 생각과 행동에 대하여 진리에 비춰
　　　반추해보라.

느낀다는 것은 반성하는 일이고 생각해 내는 일이다. *알랭*

인간은 자신을 반성할 수 있는 이성적인 존재이다. *데카르트*

자기 정화는 자기반성과 자기 분석의
과정을 통해서만 가능하다. *제임스 앨런*

후회는 아무리 빨리해도 늦지만,
반성은 아무리 늦어도 빠른 것이니라. *톨스토이*

자기반성이 사람들과 관계를 맺거나
고무시키는 능력에 매우 중요하다. *데이비드 포트럭*

철학이 내리는 결정들이 일상적 삶에 대한 반성, 즉
체계화되고 올바르게 조정된 반성이라는 것을 알고 있다. *흄*

인생의 의의는 자기완성에 있다.
매일 손바닥 위에 하루 동안 있었던 생각과 행동을
올려놓고 반성한 후 수정하라. *톨스토이*

우주 만물의 도리가 다 나의 본성 속에 갖추어져 있다.
그러므로 항상 나 자신을 반성해 살피고 성실하게 하면
그보다 더 즐거울 수가 없다. *맹자*

배려　감사와 배려가 곧 그 사람에 대한 보이지 않는
　　　존경심이다.

이 모든 것의 시작이자 가장 큰 선은 사려 깊음이다. *에피쿠로스*

배려할 줄 알고 사려가 깊고 존중해 주는 것이 바로 덕이다.
아론 벡

인간이 자기 이외의 존재자에 대해 가지는
기본적인 관심이 배려이다. *하이데거*

현자는 남을 배려하고, 남의 처지를 생각하며,
남의 마음을 바르게 고치도록 한다. *세네카*

육체는 죽지만 지식은 영원하다.
지식의 기본은 타인을 배려하는 데 있다. *피타고라스*

지적인 덕은 대체로 교육에 의하여 발생하고 성장한다.
한편 윤리적 덕은 습관의 결과로 생긴다. *아리스토텔레스*

인간이 겪는 고통의 모든 중대한 요인들은 상당한 정도로, 대부분은 거의 완전히 인간의 배려와 노력으로 제거될 수 있다. *밀*

배려란 상대의 마음이 되어 생각하는 것이다. 심리학에서는 '공감 능력'이라고 하는데, '상대의 입장에 서서 상대의 마음을 이해하는 능력'이다. *와다 히데키*

배움 우연과 세파에 휘둘리며, 많은 대가를 치르고
　　　배우겠는가. 책으로 배우겠는가?

수줍은 자는 결코 배움을 얻지 못할 것이다. *탈무드*

배움이란 순간에서 순간으로 이동하는 것이다. *크리슈나무르티*

미치광이는 스스로 희생을 치름으로써 배움을 얻는다. *호메로스*

어제 죽은 것처럼 오늘을 살고, 영원히 살 것처럼 배우라. *간디*

배운 것을 될수 있으면 잊어버려라. 우둔한 사람이 되라. *몽테뉴*

배움의 목적은 또한 인간의 삶을 연장시키는 데 있다.
로저 베이컨

나는 배우는 것 말고는 다른 어떤 행복도 느끼지 못한다.
페트라르카

단 하루일지언정, 배움을 쌓은 사람에게 있어서 그 길이는
배우지 않은 사람들의 최고령보다 길다. *세네카*

좋은 생각을 묵묵히 가슴속에 간직하며 나의 길을 가는가,
배움에 싫증내지 않으며 배움이 충만한 삶을 살고 있는가,
남을 가르침에 있어서 게으르지 않은 삶을 살고 있는가.
공자

법 이성에 따른 행동방식을 규칙으로 정한 것이 법이다.

법은 알려진 범죄를 예방하고 종교는
은밀한 범죄를 막는다. *볼테르*

시민은 자기 몸뚱이를 낳아 준 부모보다
법에게서 덕본 것이 더 많다. *플라톤*

진리를 통해서 최고의 법도에 이르는 자는
누구든지 행복하다. *아우구스티누스*

이상적인 상태에서 자유는 법과 같고
자율은 권위와 일치할 것이다. *이사야 벌린*

명군이 되는 길은 법을 통일하는 것일 뿐,
지혜 있는 사람을 애써 찾는 일이 아니다. *한비자*

단순한 욕망의 충동에 따르는 것은 노예 상태이며, 스스로
부과한 법률에 따르는 것은 자유의 경계이다. *루소*

무릇 법률이란 자연 본성의 위력이고, 현명한 인간의 지성이자
이성이며, 정의와 불의의 척도네. *키케로*

가장 보편적인 의미의 법이란 사물의 본성에서 유래하는 여러 필연적인 관계이다. 그런 의미에서는 모든 존재가 그 법을 가진다.
몽테스키외

변화 매순간 마다. 매일이 변화다. 변화의 물결에
몸을 싣자.

무엇보다도 변화는 감미롭다. *에우리피데스*

변화의 법칙을 제외하고 모든 것은 변한다.
헤라클레이토스

세상에 변화가 오기를 원하는가. 당신이 먼저 변화하라. *간디*

꾸준한 행복 혹은 지혜를 누리는 사람은 때때로 변화한다. *공자*

두려움을 극복하는 것이 '변화'를 향한 지름길이다.
스펜서 존슨

현재의 네 모습을 버려야만 바라는
모습으로 변화할 수 있다. *노자*

세상을 변화시키기 전까지 당신은 아직
대단한 존재가 아니다. *다비 체킷*

"나는 누구인가"라는 질문의 대답은 아주 간단하다.
나는 변화다. *옌스 피르스터*

상황이 점차 악화될 때는 변화를 주는 것이
문제를 지혜롭게 해결하는 하나의 방법이다. *라퐁텐*

별 우리는 모두 이 세상을 떠나면 하늘에서 반짝이는
별이 될 예정이다.

누구에게나 행운의 별은 있다. *쇼펜하우어*

우리는 모두 밤하늘에 떠 있는 별이다. *헨리 밀러*

별은 자기네가 반딧불이로 보임을 두려워하지 않는다. *타고르*

우리의 행복의 별은 다름 아닌 우리들 가슴속에 있다.
하인리히 하이네

두 사람이 감옥의 창살을 통해 밖을 보고 있었다.
한 사람은 진흙을, 다른 이는 별을. *데일 카네기*

별은 우리 육안에 들어오는 가시적이고 거친 빛뿐만 아니라
우리의 정신을 밝혀 주는 훨씬 더 미묘한 빛을 보내 준다.
앙리 푸엥카레

하지만 나는, 나의 더 나은 부분은 영속하는 존재로서 저 높은
별들 위로 실려 갈 것이고, 내 이름은 소멸하지 않을 것이다.
오비디우스

우리는 늘 우리의 운명이 우리의 별들 안에 있다고 생각했다.
그러나 이제 우리의 운명은 대략 우리 유전자 안에 있다는
것을 알고 있다. *제임스 왓슨*

보람 신나게 살고 열정을 바쳐라. 사랑하라.
 보람의 열매를 거두어라.

가진 만큼 가치도 커진다. *세르반테스*

살기 위해 사는 보람을 잃는다. *주베날리스*

만약 우리가 할 수 있는 일을 모두 한다면,
우리는 스스로에게 경악할 것이다. *에디슨*

노력은 수단이 아니라 그 자체가 목적이다.
노력하는 것 자체에 보람을 느껴라. *톨스토이*

인생에 필요한 조건을 두 배로 갖추어라.
그러면 생활 역시 두 배의 가치를 지닐 것이다. *그라시안*

최고의 것, 유일한 것 - 인생은 이 때문에 사는
보람을 얻고 이 안에서의 삶은 영원도 길지 않다. *키르케고르*

추구할 가치가 있다고 생각하는 것, 그것이 있을 때는 인생이 행복하지만, 없으면 행복할 수 없는 것 - 훌륭함, 영광, 마음의 평정과 기쁨. *키케로*

친구들이여, 알맞은 어떤 선물이 이와 같은 가치에 주어진다고 생각하는가. 가장 아름답고 첫째가는 것은 여러 신과 자기 자신의 마음이 보답해 줄 것이다. *베르길리우스*

보통 보통사람이 추구하여야 할 가치가 무엇인지 고민해보라.

인간은 보통 그 자신에게 해를 입히며,
선한 것에 대해서는 따분함을 느낀다. *마키아벨리*

종교는 보통사람에게 진리이고, 현명한 사람에게 거짓이며,
통치자에게 유용한 것이다. *세네카*

보통의 남자는 여자의 질문에 답을 주려고 하지만, 여자들이
진짜 원하는 것은 답이 아니라 공감과 이해이다. *앨런 피즈*

사람이 자신이 꿈꾸는 방향으로 자신 있게 나아가면서 자신이
꿈꾸는 삶을 살기 위해 노력한다면 보통 때는 생각지도 못한
성공을 거두게 된다. *소로*

사람들은 보통 어느 하나에 전적으로 투신하지 않으려고 한다.
왜냐하면 어느 하나에 전적인 투신을 하면 그 어떤 것을
포기해야 하기 때문이다. *아론 벡*

"너 자신을 알라!" 이것이 함축하는 바는 보통사람은 진정한
자신에 대해 모르며 따라서 진정한 행복이 무엇인지도
모른다는 것이다. *유발 하라리*

건강한 사람이란 무학인 사람도 아니고, 그렇다고 모든 학문을
섭렵한 학자도 아니다. 그는 그릇된 믿음을 따르거나 판단을
내리지 않는 보통의 사람이다. *데카르트*

복수 그가 복수할 값어치가 없는 자로 판명나도록
       자신을 북돋우라.

잘 사는 것이 최고의 복수다. *프레드 러스킨*

최선의 복수 방법은 네 적처럼 되지 않는 것이다. *아우렐리우스*

어떤 사람은 자기가 남의 사랑을 받지 못함을 알 때
세상에 복수하려고 든다. *러셀*

타인을 판단하고 벌하고자 싶은 욕망은
인간이 가진 강한 복수 충동 때문이다. *도스토예프스키*

벌은 벌 받는 사람을 위한 것이고, 복수는 복수하는 자의 자기만
족을 위한 것이다. *아리스토텔레스*

그에게 똑같은 보복으로 나설 패거리는 결코 사라지지 않는다.
누군가가 나타나서 그대의 복수를 해줄 것이다. *세네카*

인간의 감정은 불행한 사람에게는 동정을 표하고 부유한 사람은
시기하며, 자비를 베풀기보다는 복수를 선호하는 쪽으로 구성되어
있다. *스피노자*

사람들은 은혜를 받은 것에 보답하기보다는 상처를 입은 것에 복
수 하려는 성향이 강하다. 보은은 손해로 여겨지는 반면, 복수는
이득으로 여겨지기 때문이다. *타키투스*

본능   좋은 본능이 타고나지도록 부모는 본능적으로
철저히 대비하자.

본능은 원리로 나타낼 수 없을 만큼 강력하다. *흄*

밖으로 발산되지 않는 모든 본능은 안으로 향한다. *니체*

인간은 타고난 본능이 말해 주는 것은
금방 믿게 될 수밖에 없다. *롱고스*

당신이 설사 곤봉으로 무장한다고 해도,
당신은 결코 본능의 주인이 될 수 없다. *라퐁텐*

본능은 엄격하게 조절되고 재현될 수 있으며, 그럼으로써 총체적
으로 그 종의 유전 형질이 되는 행동 유형이다. *콘라트 로렌츠*

본능은 타성이기 때문에, 사고가 이를 가다듬지 않으면 인간의
본능은 벌이나 개미보다 나을 게 없을 것이다. *앙리 푸엥카레*

인간은 동물과 유사한 본능을 공유하고 있지만, 그것의 일부를
'사회적 본능'으로 진화시킴으로써, 도덕적 감정으로 승화시킬 수
있었다. *다윈*

인간은 이성적 추론으로는 거의 접근할 수 없는 존재이다. 그들은
본능의 소원에 따라 움직인다. 우리의 충동 상태를 지배할 수단은
오직 우리의 지성뿐이다. *프로이트*

본성 본성은 다듬어지고 키워질 수 있는 인간 성격의 특성이다.

인간 정신은 신의 본성을 포함한다. *스피노자*

타고난 본성은 비슷하지만, 습관에 의해 달라진다. *공자*

인간의 마음은 빈 서판과 같아서 타고난 본성은 없다. *로크*

인간의 진정한 본성이란 바로 사회적 관계들의 총합이다.
카를 마르크스(이하 마르크스)

인간은 누구나 태어날 때부터 받은
참된 본성을 지니고 있다. *그라시안*

본성 탓이라고 여겨지는 모든 악덕은
본성에 영향을 준 나쁜 관례의 결과다. *루소*

인간 본성에서 가장 기본적인 원리는
인정받고 싶어 하는 갈망이다. *윌리엄 제임스*

자신의 진정한 본성을 아는 것이 유일하게 추구할
가치가 있는 최고의 앎이다. *데이비드 갓맨*

노력은 비록 본성에 반하기는 해도 본성에 따라
만들어진 것보다 훨씬 더 큰 힘을 발휘한다. *플루타르코스*

본질 인간의 본질은 이성이다. 정신이며, 사랑이다.

실존이 본질에 앞선다. *하이데거*

인생은 사랑이며, 그 생명은 정신이다. *괴테*

사랑! 그것은 신의 본질의 발현이다. *톨스토이*

지식과 기억이 인간다움의 본질을 이룬다. *우베 요쿰*

자유의 진정한 본질, 곧 실재적 행복의
본질적 조건은 규율이다. *알랭 바디우*

어떤 사물의 본질이라는 것도 그 '사물'에 관한
하나의 의견에 지나지 않는다. *니체*

그 무엇에 의해서도 제한되지 않는 자유는
인간의 의식 속에 있는 삶의 본질이다. *톨스토이*

본질이란 어떤 사물을 지금의 그것이게 하는 그 사물의
존재 방식이라고 할 수 있다. *로크*

인간의 본질은 우주적 본질이고, 세계의 본질이며,
본질의 본질이다. 그것은 이성, 의지, 마음이다. *포이어바흐*

욕망은 인간의 본질 자체이다. 즉 그것은 인간이 자신의
존재를 끈질기게 지속하려는 노력이다. *스피노자*

부유함 물질이든 지식이든 자신의 소유에서 풍부하게
가져야 부유하다.

진정으로 부유해지려면 사랑을 쌓아라. *톨스토이*

가난한 사람들이 부유한 사람들을 먹여 살린다. *격언*

영혼에 필요한 것을 사는 데 돈은 필요하지 않다. *소로*

고귀하고 행복한 인간을 가장 많이
길러내는 나라가 가장 부유하다. *존 러스킨*

가장 적은 부유함을 필요로 하는 자가
가장 큰 부를 향유하는 것이다. *에피쿠로스*

나아가 부유하다는 것은 벗들에게 잘 대해 줄뿐만 아니라
공공봉사도 기껍고 기꺼이 할 수 있을 정도로 생활자재가
풍부한 경우를 말한다. *디오게네스*

부자는 도덕적 관점에서는 그들보다 더 낫지 않다. 그러나 천성적
으로 더 낫다. 그들은 더 힘이 세며, 그들의 씨는 더 강하며,
그들의 정신은 더 빈틈없다. *알랭 드 보통*

물질적인 영역에서는 주는 것이 부유해지는 것을 의미한다. 많이
'가진' 사람이 부자가 아니라 많이 '주는' 사람이 부자이다. 누구
든 자신을 줄 수 있는 사람은 부유하다. *프롬*

부자 부자가 되려면, 돈을 벌 수 있는 방향으로 가라.

지혜의 영예가 부의 영예보다 중대하다. *홉스*

인색함은 방탕함보다도 더 큰 악덕이다. *아리스토텔레스*

부의 가치는 소유하는 데 있기보다는 사용하는 데 있다.
아리스토텔레스

부자들의 무정함이 가난한 사람들의
못된 짓을 합법화해줘요. *싸드*

가난한 사람은 독서로 부자가 되고,
부자는 독서로 귀하게 된다. *왕안석*

부자가 그 돈을 어떻게 쓰는지 알기 전에는
그를 결코 칭찬하지 마라. *소크라테스*

부를 누릴 자격이 가장 많은 사람이
실제로는 가장 적게 부를 얻는다. *아리스토텔레스*

부자가 된 사람이 비참함에서 벗어나는 게 아니라
절제를 얻은 사람이 그렇게 되네. *플라톤*

현재는 부자를 위해서 존재하고 미래는 유덕하고 유능한
인사를 위해서 존재하는 것을 인정해야만 한다. *라 브뤼예르*

분노 아직도 분노의 희생양이 되고 있는가.
       도대체 몇 살까지 그런가?

분노가 들끓는 사람은 비난밖에 할 줄 모른다. *세네카*

분노와 편협함은 올바른 인생을 가로막는 적이다. *간디*

평화는 인간에게 어울리고 분노는 동물에게나 어울린다.
오비디우스

인간은 서로 돕기 위해 태어났으나 분노는 파멸을 위해 생겼다.
세네카

분노는 타인의 어리석은 행동을 가지고
자신에게 벌을 주는 것이다. *격언*

분노가 광기와 벽을 사이에 두고 산다면,
주정은 광기와 동거한다. *플루타르코스*

분노는 일시적 광기다. 그대가 분노를 제압하지 못하면
분노가 그대를 제압한다. *호라티우스*

분노가 그대의 가슴 속에 퍼질 때,
가슴 속에서 헛되이 짖는 그대의 혀를 닫아라. *사포*

분노란 똑똑 떨어지는 꿀보다 더 달콤해서
인간들의 가슴속에서 연기처럼 커지는 법이지요. *호메로스*

불만   투정하듯 하는 불만은 퇴보다. 문제를
해소하려는 의지를 가진 불만은 매우 좋다.

모든 사람은 고요한 절망 속에 삶을 산다. *소로*

불평불만은 자기 신뢰심의 결핍이고
그것은 의지의 병약이다. *에머슨*

사람들을 희망에서 희망으로 나아가게 하는 것이
불만의 독에 대한 훌륭한 해독제의 하나이다. *베이컨*

불평불만 하거나 세상을 어둡게 보는 것은 굶주림에 시달렸던
과거의 사람들로부터 현재 세대로 '유전'된 것이다. *니체*

우리가 원하는 것에 대한 모든 불만은 우리가 갖고있는
것에 대해 감사할 줄 모르는 데서 생기는 것 같다.
대니얼 디포

당신은 삶에 관해 불평할 자격이 없다. 만일 당신이 불만을
느낀다면, 그 이유는 당신 자신이 불만스럽기 때문일 뿐이다.
톨스토이

우리는 왜 그처럼 공허하고, 고독하고 욕구불만에 차 있을까요?
그 이유는 우리가 자기 자신의 내부를 살펴보는 일이 없으며
자신을 이해하지 못하고 있기 때문입니다.
크리슈나무르티

불행 불행한 환경에도, 좋은 습관을 길들이면 행복이
　　　　멀지 않다.

행복과 인연이 먼 사람들에게,
진정으로 삶의 가장 좋은 날은,
맨 먼저 도망쳐 가는구나. *베르길리우스*

불행의 구덩이에서 축복이 나온다. *중국 속담*

어떤 불행도 우리의 두려움만큼 크지는 않다. *격언*

불행을 갖지 않은 것은 많은 행복을 가진 것이다. *몽테뉴*

행복이란 불행해서 되돌아볼 때만 알 수 있는 것이다. *속담*

몸의 굶주림보다 영혼의 굶주림이 더 불행하다.
사라 벤 브레스낙

어리석은 모든 사람이 불행하듯이
불행한 모든 사람은 어리석다. *아우구스티누스*

순간의 쾌락에 대한 대가로
영원한 불행을 치르게 되는 거죠. *쇼데를로 드 라클로*

불행으로 인해 어리석은 자가 정신을 차린다면,
불행도 무엇인가에 쓸모가 있다. *라퐁텐*

불행 주변의 어쩔수 없는 불행은 몰라도 너로 인한
불행은 없도록 하자.

불행한 자의 위안은 불운한 동료를 갖는 것이다. *격언*

선함이 없는 사람은 남의 불행을 먹이로 삼는다. *베이컨*

우리들의 불행은 대부분 남을 의식하는 데서 온다. *쇼펜하우어*

어리석은 사람들은 불행을 겪고서야 분별을 갖추게 된다.
탈레스

타인의 불행을 즐거워하면 자신도
언젠가 그 대가를 치른다. *라퐁텐*

선한 자는 불행하다는 소리를 들을 수는 있어도,
불행할 수는 없다. *세네카*

사람은 자기 혼자서 생각하는 것만큼
행복하지도 불행하지도 않다. *로슈푸코*

나는 불행을 당하지 않은 자만큼
불행한 사람은 없다고 생각하네. *데메트리오스*

인간의 불행은 자신이 관심을 기울여야 할 곳, 즉 자신의 영역에
더이상 머무르지 않으려고 하는 데서 비롯된 것이다. *파스칼*

비난 비난하려면 너 자신을 최대한 비난한 후 타인을
　　　비난하라.

옳은 일을 하고, 누구도 두려워하지 마라. *니체*

어리석은 사람은 대부분 비판하고, 비난하고, 불평한다.
데일 카네기

친구를 비난하는 것을 즐기지 말라.
친구가 비난을 당해도 믿지 말라. *키케로*

남을 비난하지 않으면 안 될 경우,
뒤에 숨어서 하지 말고 그 사람 앞에서 하라. *톨스토이*

오, 위대하신 신이여, 제가 다른 사람의 입장이 되어보기 전에는
그 사람을 판단하거나 비난하지 않도록 해주소서. *수족 인디언*

사람을 비난하거나 칭찬 하게될 경우에는, 잘못 말하지 않도록,
언제나 아주 많이 신중해야만 하지. *플라톤*

행동거지가 바르지 않은 자는 항상 세상에서 비난을 받을 것이요,
고통을 겪으며, 병을 앓으며, 오래 살지 못하리라. *마누법전*

어떻게 하면 우리는 가장 선하고 가장 올바른
인생을 살 수 있을까? 남에 대하여 비난하는 일을
우리들 자신이 하지 않는다면. *탈레스*

비판 진정 타인을 비판할 자격이 있다고 믿는가?
신이라면 몰라도.

비판을 받지 아니하려거든 비판하지 말라. *성서*

자기비판이 없다면 어떤 윤리적 행위도 있을 수 없다.
라인홀드 니버

비판하세요! 자연이 당신에게 눈과 오성을 준 것은
그 때문입니다. *토마스 만*

죽을 때까지 남에게 원망을 받고 싶은 사람은
남을 신랄하게 비판하라. *데일 카네기*

사람의 죄악을 비판하는 것은 곧 자기 자신의
죄악을 비판하는 것과 같다. *톨스토이*

아무도 미워하지 말고, 모두를 사랑하라.
비판을 받지 아니하려거든 비판하지 말라. *링컨*

다른 사람들을 비판하고 그들에 대해 악한 말을 할 때,
당신은 죄를 짓는 것이다. 사랑으로 행하지 않는
것이기 때문이다. *케네스 해긴*

스스로를 비판하는 것, 타인의 비판에 귀 기울이는 것은 자신의
껍질을 벗는 일과 다름없다. 한층 새로운 자신이 되기 위한 탈바
꿈인 것이다. *니체*

빈곤 빈곤의 어려움은 극복해 나가는데 의미와 보람이 있다.

오! 빈곤은 모든 불행의 산실이다. *빤짜딴뜨라*

사랑을 하는 사람은 부족함을 모른다. *제임스 앨런*

정신이 빈곤한 자는 무엇을 해야 할지 알지 못한다. *니체*

현재 지구에 사는 70억 인구 중 약 50억 명은
빈곤층이거나 극빈층이다. *필립 코틀러*

빈곤한 자는 사고할 수 없고 고통 이외의
어떤 기억도 가질 수 없다. *프란시스코 빌바오*

만약 너희가 자신을 모른다면 너희는 빈곤 속에
사는 것이며 또 너희는 빈곤 그 자체가 된다. *성서*

몸의 굶주림보다 영혼의 굶주림이 더 불행하다. 원래
빈곤은 지갑보다 영혼에 먼저 온다. *사라 벤 브레스낙*

가난한 나라는 무지나 문화적 요인이 아니라, 권력자들의
빈곤을 조장하는 선택 때문에 잘못된다. *대런 애쓰모글루*

자살을 촉진시키는 아노미 상태는 상대적 빈곤 상태에서
발생하며, 절대적 빈곤 상태에서는 발생하지 않는다.
얼 쇼리스

빛 그대가 모든 사람의 희망의 빛이 되려고 노력하라.

빛을 가지고 오라. 그러면 악은 곧 사라질 것이다.
스와미 비비카난다

누군가를 사랑하는 사람이 없다면 태양도 빛을 잃으리라. *위고*

빛 중의 빛, 은하계를 쏟아내는 당신은 그 모든 것의 중심,
월트 휘트먼

키스를 받은 입은 빛이 바래지기는커녕
달처럼 더욱더 윤기가 돈다. *조반니 보카치오(이하 보카치오)*

인간의 영혼은 내부에서 빛을 발하는
투명한 구체라 할 수 있다. *아우렐리우스*

물 위에 뜬 석유처럼, 희망은
큰 슬픔 위에서도 활활 타고 빛을 낸다. *위고*

그렇게 화살을 쏘아라. 그러면 자네는
사람들에게 하나의 빛이 될 것이다. *호메로스*

평범할지라도 분명한 의도들과 행동들은
그것들의 아름다움으로 빛난다. *월트 휘트먼*

해로운 것은 그것에 빛을 비출 때
해를 끼칠 수 있는 능력을 상실한다. *데이비드 호킨스*

ㅅ : 시옷편

사랑이란 자기희생이다. 이것은 우연에
의존하지 않은 유일한 행복이다. *레프 톨스토이*

온종일 생각하는 모든 것, 그것이 바로 그 사람이다.
랠프 월도 에머슨

사고 생각이, 사고가 자연스레 좋은 쪽으로 일어나면
얼마나 좋을까.

자유로운 사고라는 최고의 권리는 개인의 권한이다.
스피노자

사고에서 반드시 진리인 것은 도덕에서도
반드시 진리임에 틀림 없다. *스펜서*

지식, 즉 이미 획득된 지식이 사고를 통제하고,
사고를 풍요롭게 만드는 것이다. *듀이*

남자들이 사고하는 법을 배울 때 보다 훨씬 더
쉽게 여자들은 느끼는 법을 배운다. *볼테르*

이성적 정신이 흐려질 때 오류와 거짓된 사고가
우리의 생명을 오염시킨다. *아우구스티누스*

인간의 체계적인 사고와 활동은 그저 자연법칙에 대한
보잘것없는 그림자에 지나지 않는다. *아인슈타인*

사람들은 사고하는 데, 심지어 행동하는 데 싫증을 낸다.
하지만 사랑하는 데 싫증을 내는 법은 결코 없다. *콩트*

사고는 그저 칠흑같이 기나긴 밤의 한 가운데 반짝이는 섬광이다.
그러나 그 섬광이야말로 모든 것이다. *앙리 푸엥카레*

사람 사람이 제일 아름답고 사람이 제일 중요하다.
사람이 전부다.

나는 항상 배우는 사람이다. *링컨*

다른 사람을 사랑하라. 자기 자신보다 더. *톨스토이*

사람은 먹는 것 이외에 아무것도 아니다. *포이어 바흐*

사람은 하루 종일 자신이 생각하는 바로 그것이다. *에머슨*

사람이란 매일같이 모든 사람들을 오해하고 있구나.
모파상

다른 사람을 위한 일이 곧 자신을 위한 일이다.
보니파티우스 8세

실로 언제나 신은 비슷한 사람을
비슷한 사람에게로 이끈다. *호메로스*

훌륭한 사람이 되거나, 아니면
훌륭한 사람을 모방하거나 해야 한다. *탈레스*

사람은 어떻게 더 강해지는가?
사려 깊게 결정을 내림으로써, 그리고
한번 내린 결정에 단호하게 매달림으로써 강해진다. *니체*

사랑 우주의 탄생 원리도 사랑이요,
삶의 기초 원리도 사랑이라.

모든 사랑은 남는 장사다. *스탕달*

사랑은 인간의 주성분이다. *피히테*

봉사는 보이는 사랑이다. *마하리시 이샴*

살아가는 일은 결국 사랑하는 일이다. *새뮤얼 버틀러*

사랑은 모든 것을 이기느니,
우리도 사랑에 지는 수밖에. *베르길리우스*

무릅쓴 위험은 같아도 얻은 대가가
적은 쪽이 더 큰 사랑입니다. *세네카*

겁쟁이는 사랑을 표현할 능력이 없다.
사랑은 용감한 사람의 특권이다. *간디*

사랑은 자연의 모든 것에 앞서서
태양과 앞을 다투며 달렸다. *보리스 파스테르나크*

한 번도 사랑해 본 적 없는 것보다
사랑해 보고 잃는 것이 차라리 낫다는 것을.
알프레드 테니슨

사랑 사랑으로 생각하고 말하고, 사랑으로 행위 하라.
    사랑을 베풀어라.

나이를 불문하고 사랑에는 장사가 없다. *푸쉬킨*

위대한 사랑은 위대한 지혜와 같은 것이다. *곤차로프*

오직 사랑만이 사랑하는 자를 천국으로 이끌어간다. *괴테*

누군가를 사랑한다는 것은 그 사람이 살게끔 하는 것이다. *논어*

혼자 있을 수 있는 능력은 사랑할 수 있는
능력의 조건이 된다. *오비디우스*

사랑이란 자기희생이다. 이것은 우연에
의존하지 않은 유일한 행복이다. *톨스토이*

오직 한마디 말만이 그 모든 수고를 보상 할 수 있다.
그것은 사랑이다. *소포클레스*

사랑이란 아주 사소한 일일지라도 서로 나누며
그 일에 함께 참여하는 것이다. *생텍쥐페리*

누군가를 사랑한다는 것은 우리의 인생 과업 중에 가장 어려운
마지막 시험이다. 다른 모든 일은 그 준비 작업에 불과하다.
라이너 마리아 릴케

사치 허망하고 텅빈 마음이 쉽게 자신을
드러내기 위한 방편이 사치다.

나의 최대의 사치는 검소다. *조정래*

사치와 낭비는 인위적인 범죄다. *왕위베이*

공화국은 사치에, 군주국은 빈곤에 의해서 끝장난다. *몽테스키외*

인정은 검소한 데서 사치로 들어가기는 쉬워도
사치에서 검소로 들어가기는 어렵다. *주희*

탐욕을 근절하고자 하면 탐욕을 낳는 원천 즉,
사치를 근절하지 않으면 안 된다. *키케로*

상업의 효과는 부이며, 부의 귀결은 사치이고,
사치의 결과는 기예의 완성이다. *몽테스키외*

칼보다 더 무서운 사치가 로마에 자리 잡았고,
그리하여 정복된 나라가 복수를 갚았네. *유베날리스*

사치는 도가 지나치면 많은 해악의 원천이 되지만,
일반적으로는 부정이나 태만보다는 낫다. *흄*

부는 인간들의 혼을 사치로 타락하게 하는 반면에,
가난은 괴로움들로 그 혼을 파렴치로 내몰죠. *플라톤*

삶 나도 모르게 나는 내 삶을 하루하루 새로이
창조하고 있었다.

관습은 인간 삶의 위대한 안내자다. *흄*

세상에 완벽한 삶은 없다. *더글라스 케네디*

우리 삶의 순간은 하나하나가 창작이다. *베르그송*

삶을 한탄하는 것보다는 웃어넘기는 편이 인간적이다. *세네카*

사랑 없는 삶, 사랑하는 사람들이 없는 삶은
그림자 쇼에 불과하다. *괴테*

뭐든 참되고 좋은 일을 한다면
삶이란 정말 좋은 것입니다. *도스토예프스키*

우리는 짧은 삶을 타고난 게 아니라
우리가 그것을 짧게 만들고 있다. *세네카*

인생의 가치는 삶의 길이에 있지 않고,
그 삶을 무엇으로 채웠느냐에 있다. *몽테뉴*

인간의 내면은 날마다 새롭게 만들어진다. 그것을 깨닫고 받아들이는 자는 나이에 상관없이 나날이 새로운 삶을 살아간다.
아우구스티누스

상처 다른 사람에게 상처 주지 않도록 혀를 부드럽게 하라.

상처를 입힌 자가 상처를 고치리라. *격언*

상처에 의해 정신이 성장하고 힘이 회복된다. *격언*

너희 역시 상처받을 만한 일로 다른 사람들에게 상처 주지 말라.
불경

상처를 입어 본 적이 없는 사람이 남의 상처를 비웃는 법.
셰익스피어

공격은 가끔 과녁을 빗나가기도 하지만
의도는 반드시 상처를 입힌다. *루소*

인간은 일어난 일보다는 그에 대한 자신의
해석 때문에 상처를 받는다. *몽테뉴*

사랑에 있어서 제일 먼저 상처가
아문 사람이 제일 잘 아문 사람이다. *로슈푸코*

따뜻한 마음과 지치지 않는 기질,
상처 주지 않는 손길을 가져야 한다. *찰스 디킨스*

한 사람이 그대를 중상할 수 있다고 생각하지 마라.
그대의 마음 까지 상처 입힐 수 있는 자는 없다. *에픽테토스*

생각 찬찬히 신중하고 긍정적으로 생각하라.
너의 인품이 된다.

생각만 하고있는 인간은 동물이다. *루소*

인간은 생각하기 위해 존재한다. *루돌프 타슈너*

생각이 얕은 사람은 항상 입을 놀린다. *호메로스*

인간은 생각이 아닌, 사랑을 통해서만 살아간다. *톨스토이*

온종일 생각하는 모든 것, 그것이 바로 그 사람이다. *에머슨*

생각을 정복한 사람에게 생각은 최고의 친구다.
바가바드기타

우리는 자신의 생각만큼 행복하지도, 불행하지도 않다.
로슈푸코

당신이 되고 싶은 사람이 이미 되었다고 생각하라.
얼 나이팅게일

남이 어떻게 생각하는가에 따라서 행동한다고 하는,
인간의 나쁜 버릇은 뿌리가 깊어 뽑아버리기가 어렵고
가장 순수한 감정, 즉 슬픔마저도
거짓 겉치레가 될 정도인 것이다. *세네카*

생명

그날까지 생명의 존엄을 지키고 희망과 사랑을
가슴에 지니자.

생명의 샘은 지성이 아니던가! *스피노자*

목숨이 붙어 있는 한, 인간은 무엇인가를 소망할 수 있다. *세네카*

모든 윤리와 도덕의 기반과 목표가 되는 것은
생명에 대한 경외심이다. *슈바이처*

신은 가장 가까운 존재, 나 자신의 생명의 실재,
즉 나의 몸이며 영혼이다. *비비카난다*

지식의 생명은 길지만 인생은 짧다.
무지한 사람은 인생을 산다고도 할 수 없다. *그라시안*

무엇보다도 아들아, 자기의 마음을 붙잡아 두어라.
그 속에서 생명의 행동이 나온다. *솔로몬*

생명이 있는 것은 생명이 없는 것보다 더 우월하고,
이성이 있는 것은 생명만 있는 것보다 우월하다.
아우렐리우스

생명을 연속시키는 방식에는 두 가지가 있는데,
하나는 자손과 후사를 남기는 것이고 다른
하나는 저술과 학설을 남기는 일이다. *셰익스피어*

선 인간은 선하도록 만들어졌다. 그러므로
악은 선에서 멀리 벗어나 있는 상태다.

자유의 실현은 또한 최고선의 성취이다. *칸트*

선을 악으로 만드는 것은 바로 의심이다. *괴테*

최고의 선은 사랑받을 때 느낄 수 있다. *톨스토이*

우주적 체계 안에서 만물은 공통의 선에 협력합니다. *루소*

신이 지켜주고 구원해 주는 것은
선한 사람 그들 자신이다. *세네카*

사물은 우리의 본성과 일치하는 한에 있어서
필연적으로 선이다. *스피노자*

진정한 사랑은 언제나 선을 행하려는
의지에 깃들며 최고의 선으로 향한다. *단테*

성인은 선과 악을 구별할 줄 안다.
그는 선을 찾아내고 그 선을 잃지 않으려 하고
항상 그 선을 따라 다닌다. *공자*

선한 것은 모두 찬사받을만하다. 한편 찬사받을만한 것은
모두 도덕성이다. 따라서 선한 것은 도덕성이다. *키케로*

선물 조그만 선물이라도 주어본 경험이 있는가.
그 기쁨이 얼마나 큰가.

선물은 바위도 깨뜨린다. *세르반테스*

주면 줄수록 그의 삶은 더욱 풍요로워진다. *노자*

선물을 주는 방식은 선물 그 자체보다 가치 있다.
피에르 코르네유

예술과 사랑은 자신에 대한 가장 큰 선물이다.
데이비드 호킨스

어제는 역사이고 내일은 미스터리이며 오늘은 선물입니다.
더글러스 대프트

사랑하는 사람이야말로 세상이 내게 준
가장 아름다운 선물이니까. *오 헨리*

당신이 지금 느끼는 즐거움은 당신이
이웃을 위해 건넨 미소의 선물이다. *동양 명언*

오는 세월은 많은 선물을 가져다주지만
가는 세월은 많은 것을 빼앗아 가버린다. *호라티우스*

신은 이 연약한 창조물이 가장 강력한 존재가 되도록
두 가지 선물을 주었다. 이성과 협력이 그것이다. *세네카*

설득 정중한 예의, 대안 제시, 상호 이익이 설득의 기본이다.

설득만이 인간들을 지배한다. *에우리피데스*

우리를 설득하는 것은 확실한 지식이 아니라
관습과 사례이다. *데카르트*

웅변가는 증명하고, 즐겁게 하고,
설득하는 3중의 능력이 있어야 한다. *키케로*

웅대한 것은, 듣는 이들을 설득하는 것이 아니라
황홀하게 하기 때문이오. *롱기누스*

나를 설득하려거든 나의 생각을 생각하고,
나의 느낌을 느끼고, 나의 말로 말하라. *키케로*

원래 대화의 목적은 서로 정보를 주고받고 즐거움을 느끼고
상대를 설득하는 데 있다. *벤자민 프랭클린*

관대한 정신을 가진 사람은 이론이나 설득에 영향을 받고
저속한 인간은 보수나 처벌에 영향을 받는다. *아리스토텔레스*

서로를 설득하는 힘과 각자가 원하는 바를 서로에게 명료하게 납득시키는 힘이 있음으로 해서, 야생 동물들의 삶을 극복했을 뿐 아니라 집단을 이루어 도시를 건설하고 법을 제정했으며 예술을 발명할 수 있었다. *이소크라테스*

성격 본능에 따르기 보다 성격을 다듬는 일이 더욱 중요하다.

성격은 곧 운명이다. *헤라클레이토스*

실천하는 행위가 곧 성격이다. *에바 일루즈*

인간사의 중요한 고비가 한 사람의 성격에 달려 있다.
에드워드 기번

어떤 사람이 하는 사소한 일을 보면
그 사람의 성격을 알 수 있다. *세네카*

좋은 성격을 기르는 것은 아름다운 얼굴을
바꾸는 것보다 어려운 것이다. *러셀*

결정되어있는 사람의 성격이나 행동을
비난하는 것 역시 비합리적이다. *이사야 벌린*

성격이 달라지면 취향도 달라지고,
취향이 달라지면 우정은 소멸하는 법이다. *키케로*

개인들이 변하지 않는 성격을 갖고 평생을 살아가는 것을
볼 수 있는 것은 오직 소설에서뿐이다. *귀스타브 르봉*

사람의 마음과 성격을 파악하는 것이 더 중요하다.
사람의 마음과 성격을 파악하는 것은 인생에서
가장 예민한 감각을 요구하는 일 중 하나다. *그라시안*

성공 믿음과 의지가 있다면, 실패는
　　　성공으로 가는 하나의 과정이다.

실패도 성공이고 성공도 성공이다. *탈무드*

과학은 성공한 처방의 집대성이다. *발레리*

내면의 자아에 대한 신뢰가 성공의 첫 번째 비결이다. *에머슨*

눈부신 유혹을 이기면 눈부신 성공을 맞이하리라.
호아킴 데 포사다

어진 아내를 만나면 행복해지고
좋은 친구를 가지면 성공하게 된다. *격언*

진정한 성공은 '내'가 이루는 것이 아니라
'우리'가 이루는 것이다. *베일런트*

성공의 가장 빠른 지름길은 인내심을 가지고
일을 사랑하는 것이다. *크릴로프*

성공은 행복과 마찬가지로 찾을 수 있는
것이아니라 찾아오는 것이다. *빅터 프랭클*

전쟁의 기술은 과학이다. 철저히 계산하고
계획하지 않으면 성공할 수 없다. *나폴레옹*

성숙 성숙으로 가는 지름길은 독서와 체험이다.

늙어간다는 것은 성숙해가는 것이다. *키케로*

성숙한 사람은 귀에 들리는 것보다
눈에 보이는 것을 더 신뢰한다. *에릭 호퍼*

사랑으로 성숙하고 겸손으로 충만한 곳에서는
불안해 할 것이 전혀 없다. *아우구스티누스*

우리는 변화하고 있으며, 이 변화는 성숙을 의미하고,
성숙은 한없이 자신을 창조하는 데 있다. *베르그송*

성숙한 사랑은 그렇게 평범하고 자연스럽게 사물이나
사람이 지닌 신비를 품에 지닙니다. *정진홍*

보살핌과 책임, 존경, 지식은 상호 의존적이다. 이 네 가지는
성숙한 인간에게서 찾아볼 수 있는 일련의 태도이다. *프롬*

잘못을 하지 않는 것은 가정이고, 잘못을 반성하는 것은
성숙이며, 잘못을 고치는 것은 미덕이다. *왕위베이*

미성숙한 사랑은 "나는 네가 필요하기 때문에 너를 사랑한다"고
말하지만 성숙한 사랑은 "나는 너를 사랑하기 때문에 네가 필요
하다"라고 말한다. *프롬*

※ 정진홍 : 종교학자, 교수

성인 몸집만 커졌다고 해서 모두다 성인이라고는 할 수 없다.

자기를 향해 진정으로 웃는 날, 우리는 어른이 된다. *비처*

다섯 시간을 앉아 있다는 것 : 성인다움의 첫 단계지요! *니체*

아들은 아버지한테는 친구입니다. 비록
어른에게는 아이이지만 말씀입니다. *플라톤*

젊음의 시간! 늘 추진되는 유연성!
균형 잡힌 화사하고 완벽한 성인이여! *월트 휘트먼*

우리는 각자 성인의 자격으로 혼자 결정하고,
스스로를 돌보아야 한다. *레슬리 스티븐슨*

내가 사랑하는 소년, 그와 똑같은 소년은
물려받은 힘이 아니라 자기 자신의 힘으로
어른이 된다. *월트 휘트먼*

어른이 된다는 건 냉담한 인물들, 속물들이 지배하는
세계에서 우리의 자리를 차지하는 것을 의미한다.
알랭 드 보통

어린애의 눌려진 감정이 20년이나 잠복했다가 겉에 나올 때는
10배나 강해진다. 그리고 어려서 그가 마음먹고 못했던 것을 어른이 된 뒤 100배로라도 해낸다. *칼 메닝거*

성장 자신이 나날이 성장하고 있다는 느낌은 보람과
희열을 느끼게 한다.

오, 성장하고 싶은 나, 나는 밖을 내다본다.
그러면 내 안에서 나무가 자란다. *라이너 마리아 릴케*

좋은 것도 우리가 그 높이까지 성장해 있지 않으면
우리 마음에 들지 않는다. *니체*

사랑은 기꺼이 상대방이 영적으로 성장하도록
도와주고자 하는 마음이다. *슈물리 보테악*

그는 알게 될 것이며 진실로 살고 성장할 것이다.
그때까지 그는 여행을 쉬지 않을 것이다. *플라톤*

남녀가 부부로 결합하는 것은 자기들의 영혼이 성장해
가는데 장애가 되는 문제들을 해결하기 위해서다.
베르나르 베르베르

겸손은 수동적, 내성적이 아니라 행동하기 위해 우리 자신을
똑바로 보는 것이다. 겸손은 적극적인 성장을 위한 도약대다.
마빈 고린

열등감은 건강하고 정상적인 노력과 성장을 불러일으키는 자극이
며, 모든 사람은 열등감을 느끼기에 성공과 우월성을 추구한다.
열등감이야말로 정신생활을 구성하는 요소이다. *아들러*

성찰 지난 일을 되돌아보고 반성하며 깨달음을 얻어가는 과정이다.

나를 사랑하려면 나 자신에 대한 성찰이 필요하다. *루소*

우리의 이성을 외부에서 내부로 돌린다면,
남을 향한 비난을 자기성찰과 결합시킨다면, *플루타르코스*

자네 자신 속에서 자네의 기쁨의 모든 것이 태어날 때,
바로 그때 자네 자신은 행복하다고 판단하게. *세네카*

어떻게 남은 인생을 더 많이 성찰하고,
더 겸손하게 행동하고,
더 중요한 문제에 집중하며 살 수 있을까? *테드 레온시스*

책의 권위만 믿고 자기 자신의 성찰은 없는 사람은
아무것도 모르는 사람보다 오히려 더 나쁜 상태에
빠지고 만다. *흄스*

인간이 자신의 죄를 깨닫는 것처럼 괴로운 일도 없다.
하지만 고통스런 성찰을 통해 우리는 죄로부터
해방되는 영혼을 느낀다. *톨스토이*

마음에 평화를 누리도록 해야 하지 않겠는가. 그것을
가져다주는 것은 건전한 권고와 끊임없는 성찰,
선한 행동의 실천, 오직 고결함을 좇는 진지한 마음이다. *세네카*

소유 많이 소유해도 좋다. 지식과 사랑을 말이다.

그대의 모든 것을 베풀어 은혜로 소유하라. *세네카*

그가 금을 소유했던 것이 아니라 금이 그를 소유했다. *라퐁텐*

노동을 하지 않고 열매를 얻는 것은
자기 소유가 아닌데 취하는 것과 같다. *묵자*

우리는 많이 소유하는 것이 아니라
풍요롭게 존재하는 것을 목표로 해야 한다. *프롬*

그게 무엇이든, 내가 누군가에게 준 것만이
아직도 나의 소유로 남아 있다. *안토니우스*

삶은 누구에게도 완전히 소유되지 않고,
모든 이에게 그저 대여될 뿐이다. *루크레티우스*

삶을 넉넉하게 만드는 것은 소유와 축적이 아니라
희망과 노력이다. *헬렌, 스코트 니어링*

소유에 의존하는 삶은 일을 하거나 존재를
바탕으로 한 삶보다 자유롭지 못하다. *윌리엄 제임스*

어떤 사람이 소유하고 있거나 혹은 소유하고 있다고
믿고 있는 진리가 아니라, 그 사람이 진리에 이르기 위해
쏟아부은 수고가 인간의 가치다. *레싱*

소통 자기 자신의 생각만을 가지고 판단하면 오해하기 쉽다.

느낌의 소통과 표현은 본질적이다. *라그랜드*

의견이란 모든 의사소통의 일차적 재료이다. *알랭 바디우*

기쁨과 슬픔은 타자와 소통할 수 있는 통로이다. *스피노자*

좋은 책을 읽는다는 것은 과거의
훌륭한 사람들과 소통하는 것이다. *데카르트*

상대방과 소통할 정보를 전달하는 비율이 자세와 태도 55%,
목소리 38%, 메시지 7%이다. *앨버트 메라비안*

보다나은 세계란 상보적 대립자 간의 소통이 이루어지는
세계이며, 예술과 과학은 바로 그런 세계에 속한다.
에른스트 페터 피셔

사람들은 다른 사람들과 함께 대화하고 있을 때
상대방의 행동 양식을 그대로 따라 하게 되는 경향이 있다.
제랄드 트라우페터

나는 부자니까 내가 당신보다 우월하다는 생각을
조금이라도 하게 되면, 사람들은 십 리 밖에서도
그걸 다 읽을 수 있습니다. 그리고
절대 소통하려 들지 않을 것입니다. *말콤 프레이져*

손해 작은 손해는 오히려 큰 이익으로 돌아오는 경우가 많다.

이제껏 나에게 최대의 손실을 준 것은 공연한 참견이다. *톨스토이*

인간이 보다 똑똑해지는 것은
창피와 손실을 입음으로부터이다. *에라스무스*

침묵한다고 비난을 받는 건 괜찮지만,
말을 많이 해서 손해 보는 일이 없도록 하라. *셰익스피어*

승리를 한 사람은 자신이 다른 사람에게 끼친 손해를
자신에게 행한 선보다 더욱 자랑스러워 한다. *스피노자*

신체와 재산상의 손실을 정신의 손실보다 더 중하게
여긴다는 점에서 잘못을 저지르고있는 것이다. *키케로*

제멋대로인 습관은 인간관계, 사업에 전혀 도움이 되지
않을뿐더러 심지어 손해를 끼칠 수 있다. *그라시안*

세상을 살맛나게 하는 것은 자기 이익만 챙기는 영악한
사람들이 아니라 양보하고 손해 보면서도 넉넉한
마음을 잃지 않는 사람들이다. *불교 백유경*

한 국가에 치명적인 것은 실제로 전투에서 입은 손실이
아니라 국가가 가진 힘 자체를 빼앗아 버리는 상상 속의
손실과 낙담이다. *몽테스키외*

수치 수치스러운 일을 하는 사람은 많은 이들에게
해악을 끼친다.

일은 수치가 아니오. *헤시오도스*

분노로 시작한 일은 수치로 끝나기 마련이다. *벤저민 프랭클린*

나라에 도가 있으면 빈천이 수치요,
나라에 도가 없으면 부귀가 수치이다. *논어*

능력주의 체제에서는 가난이라는 고통에
수치라는 모욕까지 더해진다. *알랭 드 보통*

고상한 사람들에게 수치스런 것은 가증스럽고,
선행은 영광스럽기 때문이오. *소포클레스*

사람은 수치가 최악의 일이며, 명예야말로
최상의 것이라는 사실을 알아야 한다. *세네카*

명예로움도 수치스러움도 특정한 조건에서 나오는 것이
아니다. 다만 네 직무에 충실하라. 그곳에 명예가 있다.
알렉산더 포프

육체, 그것보다 더 큰 혼란을 유발하는 것은 없다. 그것은
부끄러워하면서 욕정을 이끌어 낸다. 그보다 더 관능적인
것은 없다. 그 뻔뻔한 것이 수치스러워한다. *위고*

술 술을 세 잔 이상 마시는 것은 중한 문제를
회피하려는 시도다.

바보가 술 마시고 말이 없어지는 것을 보았소? *비아스*

술은 가난한 자와 문맹자에게 교향악단과 문학을 대신한다.
도스토예프스키

절제되지 않은 술잔은 모두 저주를 받았고,
거기에 담긴 술은 악마로다. *셰익스피어*

만취 상태에서 인간은 단지 하나의
동물과 같아서 인간으로 취급될 수 없다. *칸트*

나는 이리저리 술집을 찾아다니는 것만큼
불쌍한 일도 없다고 생각해. *헤르만 헤세*

술에 취해 죄를 저지른 사람은 용서해야 합니까? 오히려
술에 취해 잘못을 하면 죄를 더 엄히 물어야 하지. *왕위베이*

첫 번째 술잔은 갈증을 면하기 위하여, 두 번째 술잔은
영양을 위하여, 세 번째 술잔은 유쾌하기 위하여,
네 번째 술잔은 발광하기 위하여 마신다. *로마 속담*

탐식의 죄의 첫 번째는 만취입니다. 이것은 인간 이성의 끔찍한
무덤입니다. 사람이 술에 취하면 이성을 잃게 되는데, 이는 중대
한 죄입니다. *제프리 초서*

숭고 진심으로 본인의 사명을 다하는 일이
 숭고함의 길이다.

아, 운명에 내재된 균형의 헤아릴 길 없는 숭고한 신비여! *위고*

신성스러운 것은 도움을 필요로 하지 않고,
상처받지도 않는다. *세네카*

숭고에서 우스개 사이의 거리는
불과 한 발짝에 지나지 않는다. *톨스토이*

위인들의 삶은 하나같이 우리에게
숭고한 삶을 살 수 있다고 일깨운다. *월트 휘트먼*

숭고성은 자연의 사물 속에 포함되어있는 것이 아니라,
오직 우리의 마음 가운데에 있다. *칸트*

장거리 육상 선수들이 평화와 기쁨의 숭고한 상태에 자주
이른다는 것은 널리 기록되어 있다. *데이비드 호킨스*

좀 더 숭고한 것에 눈을 두고 그것을 인식하고 촉진하며
될 수 있는 대로 모방하고자 하는 나의 경향. *괴테*

미덕은 이 세상에 그 무엇과도 비교할 수 없는 존귀한 것으로
인간의 높은 도덕적 질서요, 예법이며, 견고함이며,
인간 행위의 절대적 조화이며, 영혼의 숭고함이다. *세네카*

슬픔 눈물이 메말라 슬픔이 날아갈 때까지 울어보아라.

슬픔도 분명히 병이다. *알랭*

기쁨을 추구하고 슬픔을 멀리하라. *스피노자*

때로는 슬픔도 사랑을 받아야 합니다. *아우구스티누스*

내 슬픔은 사랑의 끈이 끊어졌기 때문이다. *롤랑 바르트*

겨울은 언제나 인간에게서 어떤 슬픔을 가지고 사라진다. *위고*

슬픔은 삶에 사랑이 중요하다는 것을 표현하는 감정이다.
마사 누수바움

슬픔을 마음속에 감춰 두면 오히려
점점 더 커질 뿐이에요. *세네카*

세상에는 슬픈 일이 많지만,
잊히지 않는 슬픔은 하나도 없다. *톨스토이*

슬픔은 두 가지 유익을 준다.
선을 만들며 악을 멀어지게 한다. *사막교부들*

우리는 기쁨과 슬픔을 경험하기 훨씬 이전에
그것을 선택한다. *칼릴 지브란*

습관 너에게 습관처럼 일어나는 일이 무엇인지 파악해 보라.

좋은 습관은 작은 희생으로 만들어진다. *에머슨*

습관만이 성질을 바꾸거나 누를 수 있다. *베이컨*

행복은 습관이다. 그 습관을 들이도록 하라.
앨버트 허버드

습관을 바꾸는 것만으로도 자신의 인생을 바꿀 수 있다.
윌리엄 제임스

습관은 일종의 우상이며 그것은
복종하기 때문에 힘을 갖는다. *알랭*

행동이 습관을 낳고 그 습관이
유전적으로 전달되어 본능이 되었다. *베르그송*

자기 습관의 주인이 되라.
습관이 우리의 주인이 되도록 해서는 안 된다. *톨스토이*

습관이 만약 강력한 반박에 부닥치지 않으면,
당연한 것이 되어 버릴 것이다. *크릴로프*

책 읽는 습관을 기르는 것은 인생의 모든 불행으로부터
스스로를 지킬 피난처를 만드는 것이다. *서머셋 모음*

시 삶과 자연의 참된 뜻을 한마디 외침으로 반짝이게 하는
  별의 노래.

시는 기쁨으로 시작하여 예지로 끝난다. *프로스트*

생활이 인생의 산문이라면 여행은 인생의 시. *격언*

시는 존재하는 것이지 의미하는 것이 아니다. *머클리쉬*

위대한 시인은 자신을 쓰면서 그의 시대를 쓴다. *엘리엇*

올바른 작시의 원리와 근원은 분별력입니다. *호라티우스*

그림은 말 없는 시요, 시는 말하는 그림이로다. *시모니데스*

사랑은 삶의 시, 시는 삶에 대한 사랑의 일부를 이룬다.
모랭

시인은 하늘과 교감한다. 마음속에 하늘에서
하강한 신이 살고 있기 때문이다. *오비디우스*

알려진바 우주는 완벽한 연인을 하나 갖는데,
그는 바로 가장 위대한 시인이다. *월트 휘트먼*

시에는 인간 영혼의 요구에 응해, 눈에 보이는 것 이상의 풍부한
위대함과 다양성을 볼 수 있게 해주는 능력이 있다. *베이컨*

시간 시간이 있는 줄도 모르게 사는 사람이 잘사는 것이다.

사랑은 시간을 가게하고, 시간은 사랑을 가게 한다. *속담*

시간에서 유일하게 영원한 측면은 지금이다. *헬렌 슈크만*

궁핍의 시기는 파멸의 시기가 아닌 기회의 시간이다. *제임스 앨런*

인간이란 무엇인가? 놀라우리만치
시간을 뛰어넘은 존재다. *미셸 세르*

시간을 지배할 줄 아는 사람은
인생을 지배할 줄 아는 사람이다. *에센 바흐*

나무를 벨 시간이 여덟 시간 주어진다면,
그중 여섯 시간은 도끼를 가는 데 쓰겠다. *링컨*

시간은 순수한 희망이다. 여기가
희망이 태어나는 바로 그 장소다. *에마뉘엘 레비나스*

잠깐의 시간도 허비하지 않는 사람은
나이가 어려도 오래 산 것이나 다름없다. *베이컨*

시간을 낭비하는 일은 모든 죄 가운데에서도 제일가는
죄이고 원칙적으로는 가장 무거운 죄이기도 하다.
막스 베버

시작 멋진 상상과 신중한 생각들 뒤에는 반드시
시작이 있다.

실천으로 시작해 실천으로 끝나라. *격언*

의심은 창의성의 시작이다. *리처드 파인먼*

공포를 정복하는 것이야말로 지혜의 시작이다. *러셀*

잘못에 대해 아는 것이 구원의 시작이다. *에피쿠로스*

사랑이 시작해 놓은 일은 신만이 완성시킨다. *위고*

복 받은 자여, 마음의 눈은 몸의 눈이
닫히면서 열리기 시작하는 거라네. *소크라테스*

지각 있는 사람들은 어떤 일을 시작할 때 나중에 나올
결과를 생각하지 않고 실행에 옮기지는 않는다. *이솝*

만약 어떤 길을 가기 시작했다면
무슨 일이 있어도 그 길을 계속 가라.
그러면 너는 승리할 수밖에 없을 것이다. *프란츠 카프카*

하루를 시작하는 가장 좋은 방법은, 아침에 눈을 떴을 때,
오늘은 단 한 사람에게라도 좋으니 그가 기뻐할 만한
무슨 일을 할 수 없을까 생각하는 것이다. *니체*

신 사람의 마음 안에 신이 산다. 우리는 모두 신의 일부다.

신은 방울 소리 없이 우리에게 온다. *속담*

'하층 계급'에겐 보상하고 처벌하는 신이 필요하다. *볼테르*

견인 불굴의 인간에게 축복의 신은 재빨리 온다. *조로아스터*

신의 주사위는 언제나 한쪽이 무겁게 마련이다. *소포클레스*

진리를 실천하는 사람들은 빛을 좋아한다.
그들은 신과 하나이기 때문이다. *성서*

신에게 예의 바르게 요청하는 모든 것을,
사람들은 자신에게 주는 것입니다. *루소*

복신은 눈이 보이지 않는다. 자신을 바라보는
자마저 장님으로 만들어 버린다. *메난드로스*

조그만 인간들을 때로 우쭐하게 하고 때로 얌전하게 하는 것은
신으로서는 자유자재다. *호메로스*

신은 두려움을 주지 않는다. 신을 두려워하지 마라. 인간은 신이 굳이 벌하거나 상을 줄 만큼 중요한 존재가 아니다. 신이 인간에게 개인적인 일에 관여한다고 생각하는 것 자체가 가장 큰 허영이며 죄가 아닐까? *에피쿠로스*

신념   숭고한 신념을 갖는 사람은 위대한 사람이 될
         자격이 있다.

견고한 신념이 자아실현을 이끈다. *탈벤샤하르*

신념을 가진 우리가 무엇을 두려워할 것인가? *위고*

신념을 가진 한 사람의 힘은 관심뿐인 99명의 힘과 같다. *밀*

할 수 있다고 생각하기 때문에 할 수 있는 것이다. *베르길리우스*

위대한 행동은 언제나 진정한 신념의 도약을 요구한다. *레이포트*

사랑은 신념의 행위이며 누구든
신념이 없는 사람에게는 사랑도 없다. *프롬*

아무도 어떤 신념을 갖도록 강요당해서는 안 된다.
신념은 자유다. *카스텔리오*

신념이란 인식의 어느 한 점에서
절대적 진리를 소유하고 있다는 믿음이다. *니체*

올바른 신념을 가지면서 참된 삶의 계획을
추구하는 사람은 절대적으로 복되다. *스피노자*

신념을 지키고 의무를 충실히 따르는 것이야말로
삶의 가장 중요한 요소다. *슈테판 츠바이크*

신뢰 작은 믿음들이 두터워져서 신뢰가 된다.

인간과 인간 사이의 최대의 신뢰는
충고를 주는 신뢰이다. *베이컨*

신뢰는 인간성의 가장 큰 축복 속에서
칭송과 숭배를 받는다. **세네카**

현명한 사람은 아둔한 척 상대의 신뢰를
얻으면서 이익까지 챙길 줄 안다. *그라시안*

다른 사람에 대한 신뢰는 그 대부분이
자기 자신에 대한 신뢰로부터 생겨난다. *로슈푸코*

의지가 굳지 않으면 지혜가 통달하지 못하고,
말에 신뢰가 없다면 행동에 결과가 없다. *묵자*

자기 자신보다 다른 사람을 더 신뢰하는 자는
미치광이라고 언제나 말씀하셨지요. *아리오스토*

자기 자신을 믿어야 한다. 자기를 신뢰하는
강한 현을 갖게 되면 모든 사람의 마음이
거기에 맞춰 울릴 것이다. *에머슨*

나는 경건함이란 건강함과 명랑함을 의미한다는 것을 모르고
있었다. 경건하다는 것은 다름 아닌 신뢰다. *헤르만 헤세*

신중 조심스런 최선의 선택들을 이어가는 것이 신중이다.

신중하지 못한 열의는 떠도는 배와 같다. *제임스 조이스*

신중함에는 여유가 있다. 욕망은 수많은 일에 쫓기기 마련이다.
세네카

조심스런 자에게 우연이란 없으며 신중한 자에게 위험이란 없다.
그라시안

신중함은 결코 예속이 아니다. 반대로
그것은 인간 본성의 자유다. *스피노자*

사랑하는 여인들이여, 다른 사람의 예를 보고
신중해지는 사람은 행복합니다. *아리오스토*

인간의 내적 덕성은 주로 신중함과 올바른 행동,
그리고 사색에 달려 있다. *스피노자*

한 처녀를 지키는 데는 자물쇠보다는
본인의 신중한 태도가 가장 믿을 만하다. *세르반테스*

자지러지게 웃는 것도 아니고 불쾌한 표정도 짓지
않는 것이 신중함이고 주의 깊은 것이다. *피타고라스*

신중함을 가지면 모면하기 힘든 상황에 처한 사람도
악의적인 함구로부터 자유로워질 수 있다. *세르반테스*

실패 실패는 성공으로 가는 과정이다.
　　　　작은 실패를 통해서 배우라.

추락해본 사람만이 더 높이 오를 수 있다. *자이 자이쿠마르*

성공을 원한다면, 실패의 비율을 두 배로 높여라.
토머스 왓슨

진리에 도달하기를 구하는 자는 아무도 실패할 수 없다.
헬렌 슈크만

준비를 제대로 못했을 때, 그대는 실패를 준비하게 된다.
벤자민 프랭클린

가치 있는 실패 즉 실험적인 시도에 대해
포상하고 장려하라. *빌 게이츠*

실수가 너의 허물이 될 수도 있지만,
너를 완성하는 과정이 될 수도 있다. *쑤린*

대체로, 모든 해악은 우리가 거기에 굴하지 않는 한,
그 하나하나가 모두 은인이다. *에머슨*

먼 장래를 내다볼 때 인간은 결국 자신이 노리는 바를 구하게 되어 있다. 따라서 비록 지금 당장은 실패한다 해도 보다 높은 목표를 겨누는 편이 나을 것이다. 소로

ㅇ : 이응편

앎은 길고 인생은 짧다. 무지한 자는
삶을 영위하고 있는 것이 아니다. *발타자르 그라시안*

용기는 모든 도덕 중 최고의 미덕이다.
용기만이 공포와 유혹과 나태를 물리칠 수 있다. *김대중*

아름다움 인간은 세상에서 가장 아름다운 존재 중 하나이다.

아름다운 것은 영원한 기쁨이라. *키츠*

사랑은 아름다움을 낳으려는 열망이다. *플라톤*

사랑은 세상에서 가장 아름다운 것이다. *헬렌 켈러*

아름다운 것은 바로 행복하게 만드는 것이다. *비트겐슈타인*

아름다운 사람은 아름다운 가을을 가지고 있다. *에우리피데스*

연꽃은 진흙 속에 있으면서도 아름다움을 변치 않는다. *채근담*

육체의 추함이 영혼을 더럽히기는커녕
영혼의 아름다움이 몸을 장식한다. *세네카*

평범할지라도 분명한 의도들과 행동들은
그것들의 아름다움으로 빛난다. *월트 휘트먼*

아름다움은 어디에 있는가? 그것은 내가 모든 의지로
반드시 이루려고 하는 곳에 있다. *니체*

아름다움의 주요 부분이 품위 있는 동작이라는 것이 진실이라면,
나이를 먹은 사람들이 몇 배나 사랑스럽게 여겨진다고 하더라도,
확실히 아무 이상할 것이 없다. *베이컨*

아첨 관계를 부드럽게 해주는 사탕발림은 쓸모가 있다.

희망은 달콤한 아첨이다. *글로버*

아첨은 진실한 애정에 가장 해로운 독이다. *타키투스*

흉내를 낸다는 것은 가장 성의 있는 아첨이라고 한다. *칼 메닝거*

단지 칭찬만 하는 행위는 빚일 뿐이지만, 아첨은 선물이다.
새뮤얼 존슨

거짓 없이 아첨하는 법을 모르는 사람들은
천박하고 비굴한 사람이다. *샤를 마송*

다른 사람의 뜻과 표정과 태도를 살피어
그 사람의 뜻에 맞는 말을 하는 것을 아첨이라 하고,
옳고 그름을 가리지 않고 말하는 것을 아부라 한다. *장자*

아첨이란 놈은 아무리 속이 훤히 보인다해도 가장 밑바닥의,
그 반은 틀림없이 진실로 생각됩니다. *도스토예프스키*

자기만을 사랑하는 사람이 있다면 그것은 온갖 종류의
아첨쟁이 가운데에서도 가장 밑바닥에 속하는 부류이다. *로슈푸코*

아첨을 싫어하는 척하는 사람도 노련한 솜씨로 경쟁자를 험담하고 조롱하면서 간접적으로 자신에게 아첨한다. *올리버 웬들 홈스*

악 선이 힘을 못쓰는 땅에서 자라나는 것이 악이다.

선을 악으로 만드는 것은 바로 의심입니다. *괴테*

악의는 자신의 독의 대부분을 스스로 마신다. *아타로스*

삶은 악이 아니지만 방종하게 사는 것은 악이다. *디오게네스*

인간의 마음이란 악마와 신이 서로 싸우고 있는 싸움터다.
도스토예프스키

나쁜 짓을 하는 자는 자신에게
가장 못된 악을 저지르고 있다. *헤시오도스*

인생은 선도 악도 아니네. 그것은
선과 악이 태어나는 곳에 지나지 않다. *세네카*

선함 자체가 선한 사람들에게 보상인 것처럼,
악함 자체가 악한 자들에게는 처벌인 것이다. *보에티우스*

이 시대의 선과 악은 착하고 나쁜 것이 아니라
지루한 것이 악, 재밌는 것이 선이다! *오스카 와일드*

선한 인간이란 바른 선택을 하고 의지의 힘을 통하여
최선을 실현하는 것이다. 악이란 그릇된 선택을 하는 사람이다.
S.E 프로스트

앎 지식을 쌓고 이해하고 내 것으로 만들어야 앎이 온다.

너 자신을 앎으로써 너 자신을 향상시켜라. *콩트*

잘 알려졌듯 사랑은 앎과 지혜에 이르는 길이다. *플라톤*

사람들이 앎에 눈을 떠 분별력을 갖게 되는 것이다. *니체*

그리하여 네가 그 값을 치를 때 비로소
진실을 알게될 것이다. *호메로스*

앎은 길고 인생은 짧다. 무지한 자는
삶을 영위하고 있는 것이 아니다. *그라시안*

지혜는 옛 철학자들이 정의한 것처럼,
신들과 인간들의 일에 관한 앎이다. *키케로*

행복을 위한 정확한 앎에 기여하는 모든 것들을
아는 데 행복이 있다고 믿어야 한다. *에픽테토스*

좋은 것과 아름다운 것을 안다면 앎이 지시하는 것과는
다른 것을 행하지 않을 것이다. *프로타고라스*

앎을 가지고 있는 사람이 앎을 추구하는 사람보다 그러한
관조에서 더 즐겁게 삶을 영위하는 것이라는 점은 당연하다.
아리스토텔레스

약속 약속은 믿음과 신뢰를 바탕으로 한다.
  약속은 믿음도 준 것이다.

강요된 약속을 지켜서는 안 된다. *마키아벨리*

무슨 일이 있어도 약속을 했으면 지켜라. *알렉산더 그린*

아끼는 사람에게 약속한 대가는 충분하고 확실해야 한다.
플루타르코스

신들은 그대에게 확실한 약속은
아무것도 하지 않았으니까. *세네카*

삶이 우리에게 약속한 것, 그것을
우리는 삶을 위해 지켜야 한다! *니체*

무릇 이익을 같이 하는 자들은 사귀지 않아도 기뻐하고
우환을 같이 하는 자들은 약속하지 않아도 믿는다. *주희*

모든 것을 약속하는 자는 아무것도 약속하지 않는 것과 같다.
약속은 어리석은 자들을 위한 함정이다. *그라시안*

짐을 단단하게 묶은 밧줄이나 나무에
박힌 못이라 해도, 약속(믿음)만큼 견고하고
풀 수 없는 매듭으로 고귀한 영혼을
묶을 수 없다고 저는 믿고 싶습니다. *아리오스토*

양심 오! 양심. 인간이 인간이도록 하는 그 양심.

진리와 광명, 정의, 양심, 그것은 신이다. *위고*

증오와 양심의 가책은 인류의 근본적인 두 적들이다. *스피노자*

양심은 미덕이 넘쳐흐르고 의연하여
극도의 시련을 불굴의 용기로 이겨낼 수 있다. *세네카*

신 자신이 인간에게 부여한 것 중에서
자기 자신의 양심보다 더 신성한 것은 없다. *키케로*

괴로움은 일종의 심문이다. 어떤 판사도
스스로를 심문하는 양심만큼은 치밀하지 않다. *위고*

양심에 위배되는 죄악은 가장 미운 것이요, 가장 비천한 것이요,
가장 두려운 것이요, 부끄러운 것이요, 가장 슬픈 것이다.
톨스토이

내게 결점을 지적해 주는 사람에게 감사해야 한다. 우리가 결점을 알았다고 해서 곧 없어지지는 않지만, 그것을 알면 늘 고치려고 노력하고 양심껏 행동하게 된다. *파스칼*

양심으로부터 인간의 탁월한 천성이 나타나고 인간의 도덕적 행위가 나타나는 것이다. 양심을 제외하고는 나 자신 속에 있는 것은 질서 없는 판단과 지도자 없는 이성뿐이다. *루소*

어리석음 배우지 않고, 변화하지 않고,
 고지식한 자가 어리석다.

사람들은 누구나 자기 안에 있는 어리석음을 보지 못한다.
움베르토 에코

인생에서 어느 것도 병과 어리석음처럼 그렇게 비싼 것도 없다.
프로이트

자신보다 직위가 높은 사람을
앞지르려 하는 것은 어리석은 일이다. *그라시안*

어리석고 사악한 자들의 기쁨은
사자들이 먹이를 잡는 기쁨에 불과할 뿐이다. *세네카*

천박한 사람들은 위대한 사람의 단점이나
어리석음에서 큰 기쁨을 느낀다. *쇼펜하우어*

인간의 지성을 참된 삶의 원천이라고 부르며,
불행은 오로지 어리석음에 기인한다. *스피노자*

부끄러움은 한 때 어리석었다는 경험에 있지 않고,
그 어리석음을 곧 버리지 못함에 있다. *크릴로프*

반항심을 갖지 말라. 어리석고 역겨운 짓이다.
반항심을 갖지 않도록 모든 지혜를 동원하라. *그라시안*

언어 언어를 잘 구사하려면, 부드럽고 녹아들어야 한다.

사람은 글자를 쓰는 동물이다. *호메로스*

나의 언어의 한계는 나의 세계의 한계를 의미한다. *비트겐슈타인*

펜으로 쓰여진 것은 도끼로 찍어도 망가지지 않는다.
러시아 이언

자연은 수학으로 씌어진 책이고,
수학은 자연을 읽는 언어다. *뉴턴*

지혜로운 사람일수록 단순한 언어로
자기 생각을 표현한다. *톨스토이*

언어, 단 한마디로 인생을 송두리째
바꾸어놓을 수 있는 사건. *보들레르*

언어의 빛으로 비추어낸 사항 이상으로
찬탄해야 할 것이 또 있을까? *키케로*

사랑은 모든 감정을 상징으로 표현하는지라,
그 언어는 언제나 비유적입니다. *루소*

의사는 세 가지 무기가 있다. 첫째가 언어이고
둘째가 메스이며 셋째는 약이다. *히포크라테스*

에고 어릴적 발달시킨 에고와 아직도 뛰놀고 있는가?
　　　에고의 환상에서 벗어나 지금에 집중하라.

비교는 에고의 도구임에 분명하다.
사랑은 비교하지 않는다. *헬렌 슈크만*

사랑은 자유인 것이다. 왜인가?
에고가 속박이기 때문이다. *오쇼 라즈니쉬*

사랑은 아무도 독점할 수 없습니다. 독점은 신*의 사랑이
아니라 에고의 사랑입니다.* 에크하르트 톨레

에고는 어떤 값을 치르든 자신이 원하는 것을 반드시 가져야
하며, 자신을 정당화하는 구실을 수없이 찾아낼 것이다.
데이비드 호킨스

당신의 에고에 색다른 목소리를 부여하고, 깊은 명상을 실천함으
로써 그 에고와 일정한 거리 유지하라. *윌 보웬*

칭찬과 사랑을 받을 때 사람은 자신의 가치에 대해 균형 있고 건
강한 느낌을 갖게 된다. 이런 것들이 부족하면 에고는 *자신의 위
치를 알 수 없게 된다.* 디펙 초프라

성격이란 방어적 구성물이며 인생의 불안정한 변화들을 견디기
위해 만들어진 방어 '무기'이다. 성격은 에고가 서서히 변형되어
완고한 고집의 형태를 갖게 된 것이다. *라이히*

여성 여성에게 기대되는 최고의 가치는, 사랑이어라.

영원한 여성은 우리를 더 높은 곳으로 끌어올린다. *괴테*

여자로 태어나는 것이 아니라 여자로 만들어지는 것이다.
보부아르

남성의 우수함이 행위에 있다면,
여성의 우수함은 존재에 있다. *오르테가 이 가세트*

여성들에게 얼마나 훌륭한 관용의 마음이 있는지,
단, 그녀가 원할 경우에 말이죠. *제프리 초서*

여성에게 있어서 모든 부활과 온갖 파멸로부터의 구원,
그리고 갱생은 바로 사랑 안에 있다. *도스토예프스키*

여성은 사랑이 모든 것을 해낼 수 있다고 믿고 싶어 한다.
이것은 여성의 고유한 믿음이기도 하다. *니체*

남성이든 여성이든 열정적인 사람은 만나는 사람들을
언제나 자석처럼 끌어당긴다. *에딩턴 브루스*

자연은 여자에게 말한다. - 예쁘면 좋고, 똑똑하면 더욱 좋다.
무엇보다도 존경이 제일이다. *보마르셰*

남성과 여성만큼이나 다른 두 존재가 서로를 잘 이해하고 합당하
게 사랑하기에는 우리의 인생이 너무나도 짧지 않은가? *콩트*

여행 한적한 곳에서 휴식과 자기 돌봄을 위해 떠나라.

이미 길이 시작되었으니 여행을 마쳐라. *괴테*

여행은 선입견과 편협함, 옹졸함을 사라지게 한다.
마크 트웨인

참된 여행은 새로운 풍경을 찾는 게 아니라
새로운 눈을 갖는 것이다. *프루스트*

책을 읽는다는 건, 적어도 제 경우에는, 다른 사람의
세계로 떠나는 여행과 비슷해요. *조너선 캐럴*

어느 길로 가야 할지 더이상 알 수 없을 때
그때가 비로소 진정한 여행의 시작이다. *나짐 히크메트*

만물은 집중한다. 우리는 쓸데없이 찾아 헤맬 것이 아니라
원인과 더불어 집에 앉아 있으면 된다. *에머슨*

청년에서 노년으로 가는 여행길의 채비로 지혜를 마련하라.
왜냐하면 이것은 다른 어떤 소지품보다 확실하므로. *비아스*

멋진 인생의 첫 여행은 죽은 자들과의 대화로 시작하라. 두 번째 여행은 산 사람들과 보내면서 이 세상의 좋은 것들을 보고 깨달아라. 세 번째 여행은 자기 자신과 보내라. 마지막 행복은 철학하며 사는 것이다. *그라시안*

열정 신념에 더하여 열정을 발산하면
      우주의 힘을 빌릴 수도 있으리라.

역사에 기록된 위대한 성취는 모두 열정의 승리다.
에머슨

이성은 열정의 노예이며 또 반드시 그렇게 되어야 한다. *흄*

오직 강렬한 열정만이 행복으로 이끌어갈 수 있습니다.
쇼데를로 드 라클로

열정을 먹고 자라는 창조적 상상력은
많은 아이디어를 창출한다. *존 매킨토시*

당신의 열정을 바치는 대상은 무엇인가?
당신의 행복을 추구하라. *조셉 캠벨*

철인왕이 도시국가에 명령하듯이, 영혼은 신체에 명령하고
이성은 열정에 명령한다. *플라톤*

인간의 생리적 욕구. 감각능력. 성향. 감정 및 생명력 있는
열정을 통해 인간의 사명을 짊어지는 것을 도라고 부른다. *노자*

열정은 위대한 정신의 씨앗이니, 이것을 잘 다스려야 한다.
자신과의 싸움에서 이긴 사람이 한 가지 일에 열정을
쏟는다면 큰 힘을 얻을 수 있다. *그라시안*

영웅 자기의 소명을 다하고 있다면, 사회의 작은 영웅들이다.

사랑한다 함은 정녕 커다란 수확이리!
누가 보다 더 아름다운 값어치를 찾아내랴?
그대 권세 얻지 못해도, 부자 되지 못해도,
가장 위대한 영웅들에 견주어지리. *괴테*

사회는 영웅숭배 위에 서있다. *칼라일*

누구라도 하인에 대해서는 영웅이 아니다. *격언*

영웅은 내 안에 있는 게 분명하네. *아르키메데스*

인간이 달성할 수 있는 최고의 인생행로는 영웅적인 인생행로다.
쇼펜하우어

세상은 영웅들이 미는 막강한 힘에 의해 움직이는 것이 아니라,
하나하나의 성실한 일꾼이 미는 작은 힘이 모여 움직인다.
존 리처드 그린

자신의 길을 걷는 사람은 누구나 다 영웅이다. 자기가 할 수
있는 일을 진실하게 수행하며 사는 사람은 누구나 다 영웅이다.
헤르만 헤세

나의 사랑과 희망을 걸고 호소한다. 당신의
영혼 속에 있는 영웅을 포기하지 말라!
당신의 드높은 희망을 성스럽게 떠받들라! *니체*

영혼 맑고 순수해야 영혼이라고 부를 수 있다.

순종은 이성적 영혼의 합당한 직무다. *몽테뉴*

진정한 구원과 행복은 영혼과의 참된 일치에 있다. *스피노자*

너는 시신을 짊어지고 다니는 작은 영혼일 뿐이다. *에픽테토스*

영혼을 만족시키는 것이 무엇이든 그것은 진리다. *월트 휘트먼*

더 무서운 것은 사랑이 없어지는 영혼의 질식이다. *위고*

각 영혼은 그가 바라보는(관조하는) 그것이고,
그것이 된다. *플로티노스*

내가 영혼 안에서 고려하는 것은 세 가지, 즉 기억과
지성과 의지인데, 이 셋은 하나의 영혼이다. *베르나르두스*

부드럽고 다정한 말은 상처받은 영혼을 되살리지만
날카로운 질책은 오직 바보에게만 유효하다.
데메트리오스

누가 남의 영혼 안에서 무슨 일이 일어나는지 유의하지 않는다고
해서 불행하다고 간주 되기는 어려울 것이다. 그러나 자기 영혼의
움직임을 추적하지 않는 자들은 불행할 수밖에 없다.
아우렐리우스

영혼 우리는 사랑의 아름다움을 간직한 사람의 영혼을
존경해야 한다.

진정으로 위대한 영혼은 '범속함'에서 찾을 수 있다. *몽테뉴*

기억과 지성과 의지인데, 이 셋은 하나의 영혼이다.
베르나르두스

비옥한 어둠 속에서 인간은 자신의 영혼을 기른다.
어슐러 르 귄

삶에서 가장 기쁘고 진실한 일이
영혼을 살찌우는 것이다. *톨스토이*

생각하는 것, 거기에 바로 인간 영혼의
진정한 승리가 있다. *위고*

살아있는 동안 자신의 내면과 영혼을
성장시키는 것이 가장 중요한 선이다. *에머슨*

선한 것과 아름다운 것은 영혼을 신과 동일한 모습으로
존재하게끔 이끈다고 당당하게 말할 수 있다. *플로티노스*

눈이 태양의 형상을 닮지 않았다면 눈은 태양을 결코
볼 수 없었을지도 모르는 것처럼, 영혼은 아름답지 못하면
아름다움을 결코 인식할 수 없다. *플로티노스*

예술 예술가의 땀과 영혼, 신비가 작품 안에서 심장을
울리고 있다.

예술은 인격 수양을 위한 수단이다. *플라톤*

과학적 연구는 하나의 예술이다. *에드워드 윌슨*

이 세상의 많은 예술은 천국에서 법칙과 조화를 이끌어낸다.
스베덴보리

인간의 마음속 깊은 곳에 불을 비춰주는 것이야말로
예술가의 임무다. *로베르트 슈만*

모든 인간이 예술가이며, 가장 훌륭한 예술은
영혼의 아름다움을 표현하는 것이었다. *돈 미겔 루이스*

좋은 예술이란 여러 가지 방식으로 삶에 대한 통찰력과 이해,
세계를 보는 방식을 풍요롭게 해준다. *매슈 키런*

예술은 천상으로 올라가는 사다리. 예술은 머리가 아니라
가슴에 호소한다. 예술은 이성을 마비시키고 감정을
온통 휘저어 놓는 것이다. *소크라테스*

예술이야말로 존재를 완성한다는 점이 바로 예술의 본질적인
측면이다. 즉, 예술은 완전성과 충실함을 산출해내는 것이다.
예술은 본질적으로 존재의 긍정이다. *니체*

예의 모든 인간에게는 존엄성이 있다.
　　　　예의를 먼저 갖춰라.

거절할 때에는 완곡하게 예의를 차린다. *그라시안*

예의와 예술은 문명의 첫 번째 조건이다. *가브리엘 타르드*

물고기는 물이 없으면 죽지만,
사람은 예의가 없으면 죽는다. *탈무드*

예의를 다하는 것은 선행 다음으로
사람의 마음을 사로잡는 것이다. *필립 체스터필드*

예절은 받는 사람보다 쓰는 사람을 더
부유하게 해주는 돈과 같은 존재이다. *페르시아 격언*

생각한 끝에 베푸는 친절은 예의가 아니다.
타산적인 아첨도 마찬가지로 예의가 아니다. *알랭*

사랑이란 언제나 두 눈에 공손해야 하며,
두 귀에 정중해야 하고, 말에 있어서 예의 바르며,
행동에 조심성이 있어야 한다. *공자*

예의를 지키지 않는 사람은 함께 살고 있는 모든 사람의 감정을 해치게 되고, 마침내 아무런 선행도 할 수 없으리만큼 신용을 잃게 될 것이다. *몽테스키외*

오늘 오늘은 당신의 나머지 인생의 출발점이다.

오늘 너의 불행은 지나간 시간의 보복이다. *나폴레옹*

하루하루를 하나하나의 인생이라고 간주하라. *세네카*

오늘이 내 인생의 마지막 날이라면, 과연 오늘
내가 하려고 했던 것을 할 것인가? *스티브 잡스*

전생을 알고 싶은가? 그대의 오늘을 보라.
생의 앞날을 알고 싶은가? 그대의 오늘을 보라. *붓다*

오늘, 너는 자신의 어떤 악을 고쳤는가, 어떤 잘못에 맞섰는가,
어떤 점에서 너는 더 좋아졌는가? *섹스티우스*

하루하루가 생의 마지막 날이라고 생각하라. 그러면
뜻하지 않은 오늘을 얻어 기쁨을 갖게 될 것이다. *호라티우스*

'아 잘될 거야, 잘될 거야, 잘될 거야.
오늘날 사람들은 끊임없이 되뇌지.
아! 잘될 거야, 잘될 거야, 잘될 거야.
반항하는 인간이 있다 해도, 모든 것을 성취할 거야!' *라 드레*

행복한 사람은 그게 어떤 것이든 지금 있는 것으로 만족 하는 사람, 오늘 지닌 자신의 소유물을 사랑하며, 자기 소유물의 벗이 되는 사람을 가리킨다. *세네카*

오만 그릇된 자기 판단이 너의 말과 태도에 빌붙어
기생하고 있다.

오만은 자신의 악행을 기뻐하는 것입니다. *제프리 초서*

오만한 자에게는 오만하게 대해야 하는 법이지. *아이스퀼로스*

교만한 시선과 오만한 마음은 악인의 등불이며 죄이니라. *탈무드*

모든 유혹은 오만에서 온다. 스스로를
유혹에서 구하려면 겸손하라. *톨스토이*

허세와 오만은 예외 없이 거의
모든 죄수들의 특질이기도 하다. *도스토예프스키*

오만함과 자만심이 모든 사람이
자신을 버리게 되는 가장 쉬운 길이다. *플루타르코스*

불을 끄기보다는 오만한 마음을 진정시키는 것이
더욱 해야 할 일이다. *헤라클레이토스*

오만이란 자신에 대한 사랑 때문에
자신을 정당한 것 이상으로 느끼는 것이다. *스피노자*

로마인들은 패배하더라도 낙담하지 않고,
승리하더라도 오만하게 되지 않는다. *스키피오*

완성 자기완성의 끝이 보이는가. 자아실현을 하고 있는가?

순수함은 행복과 완성의 주된 조건이다. *콩트*

자신의 인생을 완성시키기 위해 가장 먼저 스스로를 존경하라.
니체

네 삶을 완성해줄 누군가는 없다. 네 스스로 완성해라.
알렉산더 그린

우리가 자기 자신을 완성하기 위해선 타인을 필요로 한다.
아리스토파네스

우리의 최고의 선이 지성을 완성하는 데에 있음이 틀림없다.
스피노자

불가피한 모든 일을 초극하고, 소임에서 벗어나 자유로워진 사람,
그런 사람이야말로 살면서 이미 삶을 완성한 것이다. *세네카*

인간에게는 모든 정신의 최고가 있으며, 그 정신에는 최고의
이성이 있고, 이로부터 덕이 생기는데, 덕은 이성의
완성이라고 정의된다네. *키케로*

참으로 완전한 것은 하늘의 법칙이다. 그러므로 자기완성,
즉 하늘의 법칙을 깨닫기 위해서는 스스로의 모든 노력을
기울이는 것은 인간의 법칙이다. 항상 끊임없이
자기완성을 위하여 노력하는 사람은 성인이다. *공자*

욕구 욕구하라. 너보다 세상의 만족을 이루는 것들을.

소중한 것을 찾는 법은 마음만이 알고 있다. *도스토예프스키*

성적인 욕구는 사랑과 일치를 바라는 욕구의 한 표현이다. *프롬*

중요한 사람이 되고 싶은 바람은
인간이 타고난 가장 큰 욕구다. *듀이*

과도하게 욕구하는 것은 아이들이나 하는 짓이지,
어른이 할 바가 아니다. *탈레스*

욕구들은 우리 판단을 흐리게 하며,
우리 의무를 잊게 만든다. *장 바티스트 구리나*

욕구를 최대한 줄이는 능력은 가장 완벽하고
신적인 인간의 미덕이다. *플루타르코스*

인간은 없는 것을 욕구하며 가장 필요한 것을
가장 강렬하게 욕구한다. *아리스토텔레스*

인간의 가장 절실한 욕구는 자신의 분리를 극복하려는,
고독이라는 감옥에서 빠져나오려는 욕구이다. *프롬*

좋은 마음 자세의 하나는 이질적인 사람들이나
다른 욕구를 가진 사람들과 사귀지 않는 것이다. *세네카*

욕망 끝 간 데가 없는 것이 욕망이니,
        마음을 다스려 자중하자.

욕망이 한계가 있으면 나는 그것을 비난하지 않겠다. *키케로*

인간의 가장 친한 벗은 지성이며, 최대의 적은 욕망이다. *탈무드*

총체적 초월에 관한 충동은 욕망 중에서 최고의 욕망이다.
캔 윌버

욕망을 움직이는 것은 무엇인가?
행복 그리고 오직 행복뿐이다. *로크*

새로운 욕망은 새로운 결핍의 시작이며
새로운 파멸의 시작이다. *볼테르*

인간은 이성보다는 맹목적 욕망에 의해
이끌리는 경우가 더 많다. *스피노자*

우리가 욕망을 만든 것과 마찬가지로
욕망 역시 우리를 만들게 된다. *플로티누스*

아무런 욕망이 없는 자는 얼마나 불행한지! 그네들은 말하자면 자신이 소유한 모든 것을 잃고 있는 거예요. 이미 획득한 것보다는 기대하는 것이 더 많은 즐거움을 주고, 그래서 행복하기 전에만 행복한 것이기 때문이죠. *루소*

용기   자신에 대한 믿음과 타인을 사랑하는 마음이
  용기를 낳는다.

용기와 준비는 운명을 극복한다. *마키아벨리*

용기는 남자의 최우선 자질이다. *다니엘 웹스터*

재앙은 용기와 덕성의 기회라는 것을 명심하게. *세네카*

기쁨은 용감하고 정의롭고 자제력이 있는 자만의 것이다. *세네카*

비밀을 혼자 간직하는 용기,
용감하게 싸우는 일을 그만두는 용기. *롤랑바르트*

신의 숨은 뜻은 우리의 노력 속에 있다.
용기야말로 우리에게 최고의 신이다. *존 플렛처*

용기는 무엇을 두려워하고 무엇을 두려워하지
말아야 하는지 아는 지식이다. *프로타고라스*

폭력은 용기를 뒤흔들 수 없다. 하물며 폭력은
용기를 그 장소에서 밀어내지 못한다. *키케로*

용기는 모든 도덕 중 최고의 미덕이다.
용기만이 공포와 유혹과 나태를 물리칠 수 있다. *김대중*

 ※ 김대중 : 대한민국 15대 대통령

용서 타인을 용서 못하는 너 자신부터 용서하라.

용서하는 것은 용서받는 것이다. *데이비드 호킨스*

세상을 용서하옵소서. 그들은 모두 어리석기 때문입니다. *세네카*

사랑이 없는 사람은, 용서를 비는 말도
하지 않는 법이지요. *괴테*

자신의 이익과 대립하는 자들을 용서하는
사람을 만나기란 힘들다. *흄*

모든 것을 이해하는 사람은 모든 것을
용서하는 법이니까요. *톨스토이*

용서란 우리가 용서할 능력이 있을 때만
진정 의미가 있는 거야. *마이클 모리스*

모든 위대한 사랑은 이렇게 말한다.
사랑은 용서와 동정조차도 극복한다고. *니체*

자네에게 화를 내지 말게. 자네 자신을 용서하게.
그리고 다시 시작하게. *앤디 앤드루스*

많은 사람이 자신의 적도 용서했는데, 좀 게으르고 무심한
수다쟁이를 용서하지 못할 이유가 어디 있는가. *세네카*

우연 우연에 의지하지 않으려면 필연적인 원리, 즉 법칙을
찾아내자.

우연을 어린 아기처럼 인도하고 달랠 정도로
나는 충분히 지혜롭다. *니체*

우연은 단순한 우연이 아니라
그 자체로 물리학 법칙의 일부다. *닐스 보어*

사랑이란 자기희생이다. 이것은
우연에 의존하지 않은 유일한 행복이다. *톨스토이*

무지에서 생겨나는 것은 우연한 작용 이외의
어떤 작용도 하지 못한다. *로저 베이컨*

어떤 중대한 역사적 사건이든 우연은 없다.
모두 세심하게 계획된 것일 뿐이다. *루즈벨트*

사려 깊은 사람은 대부분의 사람들과는 달리
우연을 신으로 간주하지 않는다. *에피쿠로스*

우연이란 전혀 없다. 모든 것이 시련이거나
처벌이거나 보상이거나 미리 예견된 것이다. *볼테르*

제논은 우연이란 있을 수 없다고 생각하였다. 따라서 자기의
길은 자연법칙에 의해 완전히 고정되어 있다고 보았다. *러셀*

우정 제일의 우정은 부부의 사랑 속에서의 우정이다.

친우는 또 하나의 나. *디오게네스*

좋은 충고를 해주는 친구로부터 받는 감화를
우정의 최고 가치로 여겨야 한다. *키케로*

우리가 우정 속에서 구하는 흔들림 없는
견실함의 기반은 바로 신의라는 것이네. *키케로*

원하는 것이 같고 싫어하는 것이 같다는 사실,
이것이야말로 굳은 우정일세. *살루스티우스*

현자가 완벽한 삶의 지복을 위해 획득하는 것들 가운데
가장 위대한 것은 우정이다. *에피쿠로스*

고귀하고 위엄 있는 우정이란 부드럽고 쾌활한 것이다.
즉, 사랑과 모든 자비가 있는 곳이다. *헤시오도스*

시간은 때로 사람의 기질과 이해관계를 바꾸어 놓기 때문에
사랑도 우정도 똑같이 파괴하고 만다. *로슈푸코*

오만한 마음에선 우정이 싹트지 못하고, 무례함은 비천함과
함께하며, 사악한 자는 위대함에 도달할 수 없다. *괴테*

전 생애의 지복을 지향해 지혜가 갖추어지게 되는 것 가운데
무엇보다도 가장 중요한 것은 우정의 획득이다. *디오게네스*

우주 광활한 우주는 우리와 미립자로 연결되어 있다.

우주는 마음으로 되어있다. *붓다*

크게 보면 우주는 하나의 마음이다. *데이비드 봄*

당신은 살아가면서 자신의 우주를 창조한다. *처칠*

인격과 실체는 우주 전체를 대신하는 것이다. *에머슨*

인간은 우주와 분리된 개체가 아니라 우주의 일부이다.
아인슈타인

온 우주가 나를 행복한 사람으로
만들기 위해 음모를 꾸미고 있다. *윌 보웬*

언제 어디서든 어떤 일이 일어나려면
온 우주가 공모해야 된다. *로저 로젠블라트*

마음에서 전송되는 파동은 가장 정교하고,
따라서 우주에서 가장 강력하다. *찰스 해낼*

우주의 모든 이치는 한 치의 오차도 없이 오직 한 사람,
바로 당신에게로 향해 있다. *월트 휘트먼*

우주는 나를 생각할 수 없어도 나는 우주를
생각할 수 있기 때문에 나는 우주보다도 귀하다. *파스칼*

운명 운명이란 네가 생각으로 이룬 것이며
　　　　개척해 나가야할 대상이다.

우리는 가장 모르는 것을 가장 잘 믿는다. *몽테뉴*

운명은 약한 자에게 강하고 강한 자에게 약하다. *세네카*

운명에 대한 만족은 지혜의 첫 번째 명령이다. *비트겐슈타인*

내 운명을 남에게 맡기지 않는다. 나 스스로 개척한다. *쏭훙빙*

무엇을 사랑하느냐에 따라 우리의 모습이 만들어집니다.
괴테

진실로 슬기로운 사람은 자기 자신에게 운을 만들어준다.
플라투스

나는 내 인생을 살았고, 운명이 나에게
정해준 노정을 모두 마쳤노라. *디어도로스*

운명을 무시해라. 나는 운명에 너희의 영혼을
칠 수 있는 무기를 주지 않았다. *세네카*

인간의 운명은 신이 내린 것인가, 자신들의 행위의 결과인가?
신들이 내린 운명은 인간의 행동이 불러온 결과와 일치한다.
호메로스

웃음 실없다고 들을지언정 웃을 일을 많이 만들어 웃어라.

웃음은 잠깐의 휴가다. *밀튼 버얼*

웃으면 웃을 일이 생긴다. *미국 속담*

웃음이 없다면 사업 길에 나서지 말라. *중국 속담*

사랑과 마찬가지로 웃음은 치유한다. *데이비드 호킨스*

시간을 내서 웃어라. 웃음은 영혼의 음악이다. *톨스토이*

웃음은 노력이 갑자기 허무에 부딪히는 노력의 징표이다.
허버트 스펜서

곁에 있는 사람을 웃기게 만든 사람은
천국에 갈 자격이 있다. *코란*

내가 상대성이론을 발견한 비결은
어릴 적부터 웃음을 중시한 데 있다. *아인슈타인*

어떤 이는 음식으로 살과 똥을 만들고,
어떤 사람은 일과 웃음을 만드네. *카잔차키스*

웃음은 긴장된 기대가 갑자기 아무것도
아닌 것으로 변환하는 데서 일어나는 정서이다. *칸트*

유머   유머는 긴장을 풀어주고, 분위기를 밝게 하며,
         멋과 여유를 준다.

유머는 넘치는 선의에서 우러납니다. *데이비드 호킨스*

유머와 사랑은 둘 다 강력한 진통제다.
베르나르 베르베르

유머는 인간 두뇌의 가장 뛰어난 활동이다.
에드워드 드 보노

유머란 깊이 있는 관찰 결과를
다정하게 전달하는 방법이다. *리오 로스튼*

유머를 좋아하는 명랑한 태도는
창조적인 사람의 특징이다. *칙센트 미하이*

모든 온정, 모든 선의, 그리고 모든 유머는
이 사랑으로부터 유래합니다. *토마스 만*

재치는 지나친 익살과 유머감각 없는 촌스러움,
혹은 뻣뻣함 사이의 중도이다. *아리스토텔레스*

유머 감각이 뛰어나다고 '지적'인 것은 아니며, 막연히 즐겁다고 '가치 있는' 것은 아니다. 건실하고 속 깊은 친구의 말 한마디는 수많은 이들의 칭찬보다 훨씬 귀중하다. *그라시안*

유쾌함 자연으로 발걸음을 옮겨 따사로운 빛과
          산들바람을 맞으면 유쾌하다.

아무 생각 없이 사는 것이 가장 유쾌한 삶이다. *소포클레스*

도덕성이 없으면 유쾌하게 사는 것이 불가능하다. *에피쿠로스*

청각의 유쾌함으로 정신을 이완시키는 쾌락이 환희다. *키케로*

내가 현명해지고 싶은 것은
나 자신이 유쾌해지기 때문이다. *니체*

견디어낸 고난을 안전한 가운데
돌아보는 것은 유쾌한 일이다. *에우리피데스*

의심하는 것이 유쾌한 일은 아니지만,
확신하는 것은 어리석은 일이다. *볼테르*

정신과 신체에 동시에 관계되는
기쁨의 정서를 쾌감이나 유쾌함이라고 한다. *스피노자*

인간은 유쾌하고 기운차고 창조적인 생물이며,
지상에는 그것과 비교될 것이 없다. *니체*

참고 견디는 게 아니라 기꺼이 하는 것,
바로 그것이 유쾌함의 본질이다. *아리스토텔레스*

은혜 어려움에 처한 사람들을 위한 조그만 관심도
       큰 은혜이다.

끝없이 이어지는 은혜가 세상에서 가장 아름답다. *세네카*

호의는 타인에게 은혜를 베푼 사람에 대한 사랑이다. *스피노자*

모든 사람들 중 가장 밑바닥 인간은 배은망덕한 인간이다. *세네카*

과거의 은혜를 말하기보다 장래의 은혜에
기대를 가지게 하는 편이 효과적이다. *키케로*

내 가장 큰 기쁨은 둘이서 서로 좋아하는 것.
사랑의 신이여, 그건 그대의 은혜. *보카치오*

예전에 너를 한번 도와준 일이 있는 사람은 네가 은혜를
베풀었던 사람보다 더 너를 다시 도와줄 준비가 되어있다. *속담*

은혜는 재물이 아니더라도 태도로 갚을 수 있는 것이므로
은혜를 빚졌다고 생각하는 것만으로도 이미 갚은 것이나
다름없다. *세네카*

자기가 은혜를 베풀어 준 사람에게 더욱더
애착을 느끼는 것과 같이, 자기가
큰 모욕을 가한 인간에 대해서도 우리는
격렬하게 증오한다. *라 브뤼예르*

음악 바하의 음악만이라도 느긋하게 다 들어보아도
기분이 좋겠네.

웃기 위해 시간을 내라, 영혼의 음악이다. *아일랜드민요*

비탄에 잠겨 있는 사람에게는 음악도 시끄러운 법이다. *시락크*

음악이 정열, 사랑, 그리고 열망과 같은
'삶의 정수'를 표현한다. *쇼펜하우어*

음악교육을 통해 아이는 절제를 배우며
악한 장난을 버리게 된다. *베르너 예거*

이미 당신 마음속에는 이 세상 어떤 음악보다
아름다운 선율이 흐르고 있잖아요. *톨스토이*

시로써 감흥을 일으키고 예로써 행동규준을 세우고
음악으로써 자기를 완성시킨다. *논어*

음악이 정신을 자유롭게 한다는 것을 사람들이 알까요?
사유에 날개를 달아준다는 것을? *니체*

음악의 양식이나 리듬은 자연적인 감미로움과 함께
영혼과의 친화력을 가지고 있다. *아리스토텔레스*

음악은 세상에 영혼을 불어넣고, 마음에 날개를 달아주며,
상상을 날아오르게 하고, 모든 것에 생명을 준다. *플라톤*

이기심 보다 나은 세상을 위해서는 이기심보다는 이타심이다.

이기심은 소유의 포기와 함께 폐기된다. *플라톤*

아무리 애써 꾸며본들 사람의 이기심은 드러나는 법. *보들레르*

이기심은 실로 모든 잘못과 불행의 원천이며 전체이다.
칼라일

행복과 조화는 영적으로 같은 뜻이다. 모든 이기심은 부조화이다.
제임스 앨런

이타적으로 보이는 행위의 밑바닥에는 대개 이기적 정념이
숨겨져 있다. 따라서 그건 위선에 불과하다. *맨더빌*

이기적인 사람이 비난을 받는 이유는 그들이 자기 이익만
챙기기 때문이 아니라 다른 사람의 이익을 무시하기 때문이다.
이사도라 덩컨

이기심은 우리로 하여금 자신의 일을 다른 어떤 것보다
더 중히 여기게 만들고, 사람들이 서로 간에 행하는
온갖 악을 불러일으킨다. *흄*

집단 내에서는 이기적인 개인이 이타적인 개인을 이기지만,
이타주의자들의 집단은 이기적인 개인들의 집단을 이긴다.
에드워드 윌슨

이성 저 아테네로부터 인간성의 기본으로 숭앙받던 이성.

정념이 이성보다 강하다. *홉스*

이성을 거역할 권리는 아무에게도 없다. *피히테*

자신의 이성을 스스로 사용할 줄 아는 것을 배우라. *칸트*

이성이란 결단력을 갖춘 의지력의 표출 방법이다. *그라시안*

죽음보다 더 강한 것은 이성이 아니라 사랑이다. *토마스 만*

이성적인 것은 현실적이요, 현실적인 것은 이성적이다. *헤겔*

자신의 이성을 공적으로 사용하는 사람은
무제한의 자유를 누린다. *칸트*

일평생 이성을 갖고 평화롭고 안락하게
보내는 것이 불만족인가? *에픽테토스*

인간은 자신의 존재를 이루고 있는
이성을 따라 행동하는 자가 아니다. *파스칼*

"너에게 이성이 있는가?" "그렇다" "그렇다면 왜 이성을 활용하지 않는가? 네가 이성을 작동하면 더이상 바랄 게 뭐가 있겠는가? *아우렐리우스*

이웃 부드러운 감정과 마음에 여유를 가진 이웃은
보배와 같다.

험담하는 자는 이웃을 죽이는 두 개의 칼을 갖고 있다. *솔로몬*

사랑은 이웃에게 해를 입히지 않습니다.
그러므로 사랑은 율법의 완성입니다. *성서*

인간은 이웃이나 동료와 일체감을 느낀다.
서로가 하나 되고자 하는 욕구를 가진다. *밀*

우리가 먼저 변화되고 나서야 우리는
우리의 이웃들을 변화시킬 수 있습니다. *마더 테레사*

그대들의 이웃을 항상 자신처럼 사랑하라. 그러나
먼저 자신을 사랑하는 자가 되어라! *니체*

네 선량한 마음을 이웃에게 주는 선물이라고 생각하지 말라.
너는 그 선물을 너 자신에게 주는 것이다. *격언*

자기 자신을 사랑하듯 이웃을 사랑하는 사람은 이미 신에 대한
규범을 지키며 행복하게 살고 있다는 것을 의미한다. *스피노자*

그대의 집에 불상사라도 생기면 이웃들은 허리띠도
매지 않고 달려 오지만 친척들은 허리띠를 매기 때문이오.
헤시오도스

이익 최대의 이익은 무에서 유, 즉 창조에 있음을
       잊지 말라.

이익이 없으면 일찍 일어나지 않는다. *속담*

이익, 이것이야말로 인간의 목적입니다. *위고*

인간은 종종 알면서도 자신의 이익에 반하는 행동을 한다. *흄*

남을 설득하고자 한다면 지성보다 이익에 호소하라.
벤자민 프랭클린

누군가의 이익은 다른 사람의
손해를 바탕으로 얻어진 것이다. *세네카*

어떤 이익을 바라고서 덕을 베푼다면
그것은 고상하거나 위대한 일이 못 된다. *세네카*

의무와 이해가 충돌하는 경우, 타인의 불행 속에서
자기 이익을 찾는 일은 피해야 한다. *루소*

공허하구나. 자기 자신에게 이익이 되는 것을,
취하지 않는 현인의 현명함이란. *엔니우스*

올바른 행위의 참된 이익은 그 실천 자체이고,
미덕에 어울리는 대가는 미덕 그 자체 말고는 없다. *세네카*

이해　서로 간의 이해까지 도달하는 데 많은 노력이 필요하다.

사실 어느 누구도 나를 이해할 수 없다. *존 모건*

아무래도 인간은 사랑받기보다 이해받기를 더 바라는 것 같다.
조지 오웰

당신과 다른 것을 이해하기 위해서는 항상 사랑이 필요했다오.
앙드레 지드

인생은 앞으로만 나아간다. 지나간 뒤에야
인생을 이해할 수 있다. *키르케고르*

하느님과 인생을 이해하는 최선의 방법은
많은 사물을 사랑하는 일이다. *반 고흐*

우리가 하는 것은 결코 이해된 적이 없다.
항상 칭찬받거나 비난 되어질 뿐이다. *니체*

이해한다는 것, 그것은 언제나 필연적으로
존재하는 어떤 것을 파악하는 것이다. *스피노자*

이해는 신성한 사다리와 같아서 맨 꼭대기에 오른
사람만이 전 세계를 내려다볼 수 있다. *로댕*

누군가를 사랑한다는 것은
그가 존재함을 이해하는 것이다. *블라디미르 솔로비요프*

인간 인간의 특성을 고상하게 발휘하지 못하고
동물성에 남아 있으려는가?

인간은 인간에게 있어 신이다. *스피노자*

인간의 자유는 고상한 마음에서 온다. *세네카*

진리란 인간이 인간으로 형성되는 길이다. *톨스토이*

인간은 사회 속에 있음으로써 비로소 인간이다. *듀이*

만유의 최고 원리는 곧 인간이다. *피코 델라 미란돌라*

과연 인간처럼 행동한다고 해서 인간이라 할 수 있는가?
에드워드 윌슨

인간은 인간이 할 수 있는 것 이상의 것을 추구해야 하오.
로버트 브라우닝

인간의 의지는 언제까지나
인간에게서 모든 것의 근본이 되는 그것이다. *쇼펜하우어*

우리는 인간으로 태어나는 것이 아니라 인간이 되어 간다.
에라스무스

인간에게는 그 어떤 것도 인간보다 더 아름답게 보이지 않는다.
키케로

인간 인간이 굳은 의지를 가질 경우 이루어내지
 못할 것이 무엇인가?

인간은 스스로 원하는 만큼의 행복을 얻습니다. *링컨*

모든 인간은 자신의 능력만큼 신을 만난다. *스피노자*

인간은 배우에 불과하다는 것을 기억하라. *에픽테토스*

인간이란 천직을 다하기 위해 생활해야 한다. *톨스토이*

나는 인간이다. 인간의 그 어떤 것도 나에게 낯설지 않다.
테렌티우스

해결할 수도 회피할 수도 없다.
그것이 인간 이성의 운명이다. *칸트*

삶을 비웃는 편이 그것을 슬퍼하기보다도
인간에게 어울린다. *세네카*

인간은 인생의 4분의 3을 남과 비교하면서
'낭비'하고 산다. *쇼펜하우어*

이 땅위에 살면서 숨 쉬고 움직이는 모든 것 중에서 인간보다 더 가엾고 약한 것은 없습니다. 그 까닭은 뒷날 화를 입을 것을 전혀 알아차리지 못하기 때문입니다. *호메로스*

인간관계 관계가 많은 사람은 물론, 이방인의 삶도 소중하다.

삶에 가치를 부여하는 것은 언제나 인간관계다. *훔볼트*

사람의 가치는 타인과의 관계로서만 측정될 수 있다. *니체*

자기는 실체가 아니라 자기와 자기가 맺는
관계들의 총체이다. *미셸 푸코*

인생에서 가장 중요한 관계는
아마 배우자와의 관계일지도 모른다. *슈물리 보테악*

삶에서 중요한 단 한 가지는, 당신과 다른
사람들과의 관계라는 점입니다. *베일런트*

제멋대로인 습관은 인간관계, 사업에 전혀 도움이 되지
않을 뿐더러 심지어 손해를 끼칠 수 있다. *그라시안*

하나의 동일한 기본 법칙이 인간관계 전체를 친근하게 포용할
경우, 각 개인은 과거와 심지어 미래를 진정으로 살아가게 된다.
콩트

연구에 따르면 심지어 엔지니어링 같은 기술 분야에서도 사람들
의 기술적 지식이 경제적 성공에 기여하는 바는 약 15 퍼센트에
불과하고, 나머지 85 퍼센트는 성격과 통솔력 같은 인간관계 기
술에 달려 있다고 한다. *데일 카네기*

인간성 인간성은 사랑과 배려 그리고 다른 사람에
대한 존엄성의 표시다.

사랑이 인간성의 핵심에 있다. *알랭 드 보통*

사랑이 없이 인간성은 단 하루도 존재할 수 없다. *프롬*

인권을 무시한다는 것은 그들의 인간성을
파괴한다는 뜻이다. *넬슨 만델라*

인간이 인간성을 초월하지 못한다면, 인간은
그 얼마나 비루하고 더러운 사물인가? *몽테뉴*

사람들은 자신의 인간성을 동물, 기계, 장소, 심지어
허구적인 존재에까지 투사한다. *에드워드 윌슨*

예술은 인성의 균형을 잡아주는 역할을 할 뿐 아니라
우리를 보다 도덕적으로 만들어준다. *알랭 드 보통*

감수성 풍부한 청년 시절이 끝나 거칠고 냉혹한 중년이 되더라도 인간성 만큼은 잃어버려선 안 된다. 그건 결코 다시 주울 수 없기 때문이다. *고골*

다행히도 인간성에는 보상의 감정 다시 말하면 남을 칭찬하는 감정이 포함되어 있다. 행복을 증진시키고자 원하는 자는 누구를 막론하고 칭찬을 많이 받고 질투를 하지 말아야 한다. *러셀*

인격 인간의 인성이 품격을 갖출 때 인격이라 할 수 있다.

그 사람의 인격이 그의 수호신이다. *헤라클레이토스*

더할 나위 없이 완전한 인격만이 사랑할 수가 있다. *니체*

감사하는 태도야말로 인격의 지표인 것 같다. *테드 레온시스*

한 인격이 도덕성을 전제로 행복을 누림이 최고의 선이다. *칸트*

인격의 향기를 간직하고 사는 것이 사람으로
이 세상에 태어난 보람이다. *백유경*

영혼으로부터 솟아 나오는 지혜가 없이는
진실한 인격의 성숙은 있을 수 없다. *데일 카네기*

아무런 책임 능력이 없는 사물을 물건이라고 한다면, 자기 행위에
대해서 책임질 수 있는 주체가 인격이다. *칸트*

인간이 '나'를 파괴해 버리면, 아주 무식한 인간이든 흑인이든
백인이든 피부와 인종에 관계 없이 영원한 인격을 얻을 수
있게 되는 것이다. *톨스토이*

너는 너 자신의 인격과 다른 모든 사람의 인격에 있어서
인간성을 언제나 동시에 목적으로 간주하여야 하며,
결코 한갓 수단으로 사용해서는 안 된다. *칸트*

인내   인내는 불안과 조급함에서 벗어나 안정적으로 집중하게 해준다.

인내도 자비심의 한 부분이다. *틱낫한*

학문과 지혜는 인내로써 드러난다. *솔로몬*

너희의 인내로 너희 영혼을 얻으리라. *성서*

적을 이기고 싶으면 참는 법을 배워라. *격언*

행운의 미덕은 절제이며, 역경의 미덕은 인내이다. *베이컨*

인내심을 가지면 운명의 여신이
두 배의 보상을 해줄 것이다. *그라시안*

인내는 강한 힘보다 낫고, 자제력은
성을 빼앗는 것보다 나으니라. *탈무드*

인내할 수 있는 사람은 무엇이든
원하는 것을 이룰 수 있다. *벤자민 프랭클린*

용맹하게 맞서고 인내해야만 한다. 그것이야말로
너희가 신보다 뛰어난 것이다. *세네카*

삶의 첫 번째 원칙은 인내할 수 있는 능력이며,
지혜의 절반이 거기에 기인한다. *에픽테토스*

인생 한 번 사는 인생이다. 연습은 없다. 사랑으로 살자.

인생은 짧고 예술은 길다. *히포크라테스*

인생은 아름답다고 죽도록 말해주고 싶어요. *플로베르*

인생을 우는 것보다는 웃는 것이 더 인간답다. *세네카*

인생 최고의 행복은 사랑받고 있다는 확신이다. *위고*

인생은 B와 D 사이의 C이다! Birth, Death, Choice. *사르트르*

인생에 너무 늦었거나, 혹은 너무 이른 나이는 없다. *벤자민 버튼*

쉴 사이 없이 보다 나은 사람이 되어가라.
그곳에 인생의 참된 일이 전부 포함되어있다. *톨스토이*

살아있는 동안 자신의 내면과 영혼을 성장 시키는 것이
가장 중요한 선이다. *에머슨*

인생의 의의는 거짓을 미워하고
진실을 사랑하는 것을 배우는 데 있다. *로버트 브라우닝*

사랑과 선행으로 내적 평화를 얻고
자기 운명에 만족하는 인생을 살아라. 그러면
성공적인 인생을 살게 될 것이다. *아우렐리우스*

인식 사물과 자기자신, 근본 원인을 바르게 인식하자.

모든 참된 인식은 사랑이며, 사랑밖엔 아무것도 아니다.
아리엘 수아미

진정한 인식을 얻는 것은 감각적 지각을 초월했을 때이다.
데모크리토스

우리는 상대가 인식하는 범위 안에서 존재할 수밖에 없다.
알랭 드 보통

우리의 인식의 결함에 의해서만 허위 또는 허구로 고찰된다.
스피노자

유일하게 확실한 인식은 어떤 확실한
인식도 없다는 것이다. *아우구스티누스*

우리 자신을 인식할 경우 아름다우며, 우리 자신을
인식하지 못할 경우 추하다고 하겠다. *플로티노스*

사물들의 원인을 인식할 수 있었던 이여, 행복하도다! 그대는
모든 두려움과 냉혹한 운명을 부숴버리는구나. *베르길리우스*

인식 분야에서 일어나는 모든 승리는 용기의 결과이고,
자기 자신에게 엄격한 결과이고, 자기 자신을 품위 있게 대한
결과이다. *니체*

인정 사람의 존재 자체와 존엄성을 인정한다면
       서로 이해하기가 쉽다.

인정은 가장 좋은 자극제다. *제라드 이크데일*

행복은 존재 그 자체를 인정하는 것이다. *니체*

인간은 신이 좋다고 인정한 것을 좋다고 인정하면 되네. *세네카*

사람은 누구나 자신의 존재를 인정받기 위해 투쟁한다.
악셀 호네트

인간이라는 사실을 인정받지 못하는 것만큼
화가 나는 일은 없다. *괴테*

개인은 모든 사람들에게 인간이라는 이름에 합당한
존엄을 인정할 의무를 갖는다. *아미엘*

어린 시절에 인정받은 경험이 충분하지 않으면
나중에 불안정이 생겨난다. *데이비드 호킨스*

식욕이나 수면욕처럼 인정의 욕구 역시 계속해서
채워줘야 하는 속성을 지니고 있다. *브라이언 트레이시*

모든 사람의 가장 큰 바람은, 사람들이 그것을 인정하든 인정하지
않든 사람들의 마음에 들고 그들의 동의를 얻는 것이다. *카발라*

일 가진 것의 행복보다 일에서 얻는 행복이 더 크고
아름답다.

모든 일에 의로움보다 소중한 것은 없다. *묵자*

최고의 수완은 일의 가치를 잘 아는 것이다. *로슈푸코*

노후에 만찬을 즐기려면 젊을 때 애써 일하라. *에라스무스*

불운을 물리치는 것보다 위대하고 용감한 일은 없다.
세네카

의욕적으로 일하려면 실수를 두려워해서는 안 된다.
반 고흐

자신의 일을 사랑하는 사람은 매일이 휴일 같다.
프랭크 타이거

인간은 자기의 노동의 대상을 사랑하며,
자기가 사랑하는 것을 위해 일한다. *프롬*

얼마나 가졌는가가 아니라 얼마나 일하는가를
기준으로 사람을 존경해야 한다. *톨스토이*

일이 잘 안 풀릴 때는 홀로 자기 몸을 닦는 데 힘쓰고
일이 잘 풀릴 때는 세상에 나가 좋은 일을 한다. *맹자*

있는 그대로
욕망과 편견에서 벗어나,
있는 그대로의 상황을 주시하자.

있는 그대로를 제시하는 것이 곧 진리이다. *아우구스티누스*

사랑은 있는 그대로를 받아들이는 것이다. *에크하르트 톨레*

성숙한 인간은 무엇보다 사물을 매우 단순하게 보고,
그것을 있는 그대로 받아들인다. *쇼펜하우어*

사람을 사랑한다는 것은, 있는 그대로 몽땅 사랑하는 것이지
그 사람에게 이러쿵저러쿵 조건을 붙이는 것이 아니잖아요.
톨스토이

모든 상황, 있는 그대로의 존재의 기쁨과 슬픔을 그대로
직면할 수 있는 가슴의 포용력을 얻으면,
우리는 깨어나 자유가 된다. *잭 콘필드*

그대가 원하는 대로 사건들이 일어나기를 요구하지 말고,
그것들이 있는 그대로 생겨나도록 원해야 한다. 그렇게 하면
그대의 삶이 행복해질 것이다. *에픽테토스*

먼저 자신에 대한 판단을 중지하세요. 그런 다음 상대방에 대한
판단을 중지하세요. 관계 개선을 위해서는 무엇보다 상대방을 판
단하거나 변화시키려 들지 말고 있는 그대로 온전히 받아들이는
게 필요합니다. *에크하르트 톨레*

왜 이 지구상에 존재하는 인구 수 만큼의 다양한
이유가 존재한다.

너는 할 수 있다. 왜냐하면, 너는 해야 하니까. *쉴러*

우리는 우리의 행동을 결정하는 원인들을 알지 못한다. *스피노자*

왜 살아야 하는지 이유를 아는 사람은
어떤 어려움도 견뎌낼 수 있다. *니체*

심한 고통을 겪은 후에야 사람은 어디에 문제의 뿌리가
있는지 또 왜 그랬는지 알게 되는 법입니다. *톨스토이*

왜 사는가? 가능한 한 많이, 욕심을 채우기 위한 궁리와
노력을 하는 것이 인간의 바람직한 모습이다. *플라톤*

왜 나는 예상 가능했던 많은 불행을 겪는 것일까요? 왜
그 불행에 대한 치유법을 찾으려 애쓰지 않을까요? *아베 프레보*

자신의 행운을 관리할 줄 아는 것은 중요한 기술이다. 때로는 기
다리면서. 왜냐하면 기다리는 동안 행운이 무르익을 수 있으므로.
그라시안

삶이 난관에 부딪혔다면, 왜 그대는 다시금 안 좋게 끝나고 즐기
기도 전에 몽땅 무너져버릴 것을 더 덧붙이려 애쓰는가?
루크레티우스

위대함 자연도 위대하지만 사람도 위대함에 있어서는
　　　　　뒤지지 않는다.

저 위대한 호메로스도 졸 때가 있다. *세르반테스*

너는 위대함에 이르는 너의 길을 가고 있다. *니체*

소박, 선, 진실이 없는 곳에 위대함은 없는 것이다. *톨스토이*

위대함보다 더 단순한 것은 없다.
단순한 것은 위대한 것이다. *에머슨*

인간의 위대함은 자신이 비참하다는 것을
아는 데에서 시작된다. *파스칼*

삐뚤어진 악의가 때로는 위대한 재능을
만들어내는 경우도 있다. *로슈푸코*

행복과 미덕과 위대함을 얻는 데 출신은
아무 상관이 없다. *벤자민 프랭클린*

사랑에 참여하고 사랑을 주는 것은
인생의 가장 위대한 보답이다. *헬렌 니어링*

무릇 참으로 위대한 것은 서서히,
눈에 보이지 않는 성장 속에서 이루어진다. *세네카*

의견 인간 생각과 행동이 모두 다르듯이
 개인의 의견도 다양하다.

모든 의견의 중간을 택하도록 해야 한다. *톨스토이*

온 우주는 변화이고, 인생은 의견이다. *데모크라테스*

적의 의견은 우리의 의견보다 더 진실에 가깝다. *로슈푸코*

그는 의견의 차이만 있으면 쉽게 감정이 상하는
정신력이 약한 사람이다. *홉스*

문중의 땅을 양보할 사람은 있어도
자신의 의견을 양보할 사람은 없다. *마르티 알리스*

나의 제일의 원칙은 내 인생을 다른 사람의
의견에 따라 정돈하지 않는다는 원칙이오. *세네카*

서로 의견을 달리하는 관점이 오히려 너희를
내면 진리로 더 가깝게 데려갈 수 있다. *닉 도날드 윌쉬*

어쩌다 말만은 서로 일치하더라도 행동은 곧
그들이 전혀 다른 의견임을 증명해주네. *에우리피데스*

다른 사람들의 의견에 많은 가치를 부여하는 것은 그들을
필요 이상으로 존중하는 것임을 알게 된다. *쇼펜하우어*

의무 일하고 사랑하고 배려하는 행위들 모두 사람의 의무다.

당신에게 사랑과 지지와 신의라는 의무를
저버린 적이 없다. *키케로*

인간은 행복하기 위해서가 아니라
의무를 다하기 위해서 존재한다. *하랄트 이젠슈타인*

인생은 고뇌도 환희도 아니다. 인생은
완수하지 않으면 안 되는 의무이다. *칼라일*

진리 너머, 진리보다 중요하고 인간적인 의무가
있음을 나는 잘 알고 있었다. *카잔차키스*

남에게 선행을 베푸는 것은 의무가 아니다.
건강과 행복을 증대시키는 즐거움이다. *조로아스터*

사랑은 곧 의무구나.
더이상 무엇을 추구하거나 선언 하리오? *로버트 브라우닝*

신체를 건강하게 유지하는 것은 우리의 의무다. 그렇지 않으면
지혜의 등불을 잘 관리할 수 없기 때문이다. *붓다*

인간의 품위나 인간이 이룩하는 온갖 공로는 생각하는 데 있다는
것을 알고 있소. 그리고 무엇이 옳은지 생각하는 것도 모두 인간
의 의무고. *파스칼*

의미   존재의 의미는 자신이 스스로 만들어가야 한다.

인생은 아무런 의미가 없다는 명백한 사실 때문에
의미가 주어져야만 한다. *헨리 밀러*

사랑한다는 것은 사랑하는 사람의 생활 속에
자기가 들어가 사는 것을 의미한다. *칼라일*

세상의 의미는 우리가 진심으로 그 양상들을
받아들일 때 분명히 드러난다. *윌리엄 제임스*

이렇게 태어난 것도 운명인데, 인간으로서
최선을 다해 의미 있게 살아야죠. *올로프 팔메*

삶의 의미는 영적 완성을 위한 노력에 있으며
이러한 노력은 언제나 가능하다. *톨스토이*

인간이 인생을 바쳐서라도 진정으로 추구하려고 하는 것은
바로 의미 있는 삶을 사는 것입니다. *빅터 프랭클*

인간은 세계 속에 내던져진 존재다. 따라서 삶의 의미를
부여하는 것은 그의 실천이며 그의 선택이다. *사르트르*

열정이 우리를 이끌고, 모든 시련을 견딜 수 있게 하고, 우리 삶
에 의미를 부여합니다. 돈이니 사랑이니 명예니 하는 것들은 덧없
는 보상일 뿐이지요. *베르나르 베르베르*

의식 무의식이 의식을 강하게 지배한다.
　　　좋은 생각의 씨를 뿌려라.

이 세상의 모든 것이 단지 나의 마음이고,
모든 대상이 단지 나의 의식이다. *원효*

사랑은 일반적으로 나와 타자 사이에 통일이
이루어져 있다는 의식을 뜻하는 것이다. *헤겔*

능력의 개인차는 아무리 커도 5배를 넘지 않지만,
의식의 차이는 100배의 격차를 낳는다. *나가모리*

무의식을 의식으로 만들기까지 당신 삶의 방향을 이끄는 것,
우리는 그것을 운명이라고 부른다. *융*

나, 나의 것, 나를 위한 등의 나에 대한 의식으로, 무의식적으로
갖는 '나'에 대한 의식마저도 애착으로 말미암은 자만심이다.
우파니샤드

남의 눈을 의식하는 타인 본위의 유전적인 고질병에서
벗어날 수가 있다면 매사에 태연자약할 수가 있으며
자유롭게 살 수 있을 것이다. *쇼펜하우어*

자아의 많은 부분이 그 자체로 무의식이고 특히 자아의 핵이라고
말할 수 있는 부분이 그렇다. 자아는 이드가 특별하게 분화된 일
부분이다. *프로이트*

의지 사람의 의지가 모든 행위의 결말을 이끌어낸다.

바른 의지는 선한 사랑이다. *아우구스티누스*

아무것도 인간의 의지를 막을 수 없다. *카발라*

내 신성의 자질은 자유의지다! *도스토예프스키*

우리의 자유의지를 빼앗아 가는 자는 아무도 없다. *에픽테토스*

운명을 좌우하는 것은 드러나지 않는 내면의 의지이다. *헬렌 켈러*

큰일에 있어서는 그 뜻을 품은 것만으로 충분하다.
프로페르티우스

우리의 의지와 행위의 자유는 다가올 일의 출발점이 된다.
아리스토텔레스

자유롭지 않은 의지란 없으며
행동 없는 의지는 존재할 수 없다. *알랭*

의지의 악함은 운명이 선에 부여하는 것보다
더 큰 악을 초래한다. *아우구스티누스*

의지라는 것이 열정을 주인으로 섬기며
열정에게 길과 방향을 제시하는 것이다. *니체*

ㅈ : 지읒편

자유로운 자는 양심에 따르기 마련이다.
빅토르 위고

교만하지 말아야 하지만, 강한 자존심을 가져야 한다.
노무현

자각 자신의 내면 살펴보고 자신이 가진 잠재성을
      자각하라.

나는 내가 아무것도 알고 있지 않다는 것을 안다. *소크라테스*

삶의 기쁨도 크지만, 자각이 있는
삶의 기쁨은 더욱 큰 것이다. *괴테*

자각은 전체를 보는 것, 각 순간의 전체 내용과
맥락을 지각하는 것을 뜻한다. *존 카밧진*

진정으로 자신을 치유할 수 있는 사람은
오직 자기 자신을 자각한 사람뿐이다. *슈물리 보테악*

그들이 스스로 분노나 오만이나 자기 중심성을 점점 더
자각하면 할수록, 그들이 변화될 가능성 역시 점점 더 커진다.
레슬리 스티븐슨

자신의 내면에서 일어나는 모든 것을 알게 된 사람의 광채는
거대하다. 자각에 의해 거짓된 모든 것은 사라지고 실재하는
모든 것은 풍요로워진다. *오쇼 라즈니쉬*

자신은 최고의 인간이어야 하고,
자신이 훌륭한 유기체라는 것을 자각하면서,
빛과 자연 발생적인 지혜, 적절한 충동,
우아하게 몸에 밴 영감의 영역에서 움직여야 한다. *헨리 제임스*

자만 자신을 드러내고 다른 사람을 무시하는 근거가 된다.

겸손을 통해 자만을 억눌러라. *자이나교*

그는 자만을 간질이라고 지칭한다. *헤라클레이토스*

사랑받고 싶어 하는 요구는 자만 중에서도 가장 큰 자만이다.
니체

자만처럼 모양새가 나쁜 것은 없다.
특히 젊은이들의 경우 더욱 그렇다. *제논*

자만에 빠진 사람은 자신의 악행이나
선행을 자랑하는 자입니다. *제프리 초서*

사람은 종종 겸양으로 자만을 억누를 수
있다고 생각하며 자신을 기만한다. *마키아벨리*

닮고 싶은 사람을 찾으라. 닮고 싶은 사람을 사랑하라.
다른 사람을 비방하여 자만해지지 말라. *아우구스티누스*

큰 칭찬을 받는다. 그때 칭찬받는 한 사람은 매우 부끄러워한다.
다른 한 사람은 더욱 자만해진다. *니체*

자만을 버려야 사랑하고, 분노를 버려야 탄식하지 않으며,
욕심을 버려야 부유해지고, 탐욕을 버려야 행복해집니다.
마하바라타

자만심 자기 자랑은 듣는 사람에게 자만스럽게 보여진다.

자만심은 무지에서 기인하나, 무지는
졸렬한 행복감만을 가져다준다. *그라시안*

승리하여 자만심을 갖느니 차라리
패배하여 겸손한 마음을 갖겠다. *사막교부들*

자만심 중에서도 자만심에서 벗어난 체하는
자만심이 가장 견디기 어렵다. *아우렐리우스*

온 힘을 다해 조심해야 할 것은, 자칫하면 가지기 쉬운
자만심을 가지지 않는 것이다. *아우구스티누스*

자신의 결점을 하나하나 극복해 나가다 보면,
이번에는 자만심이 고개를 들고나온다. *로슈푸코*

겸손은 덕이 아니다. 왜냐하면 그것은 슬픔이며,
많은 경우 엉큼한 형태의 자만심이기 때문이다. *스피노자*

자만은 분별 없는 자의 행복이다. 그 역시 나름의 유쾌함은
 없지 않으나 평판과 명성에는 득이 될 게 없다. *그라시안*

'혼자 있어도 나는 조금도 심심치 않다'라고 흔히 우리들은
자랑삼아 말한다. 하찮은 족속들과 같이 있고 싶지 않다는
정도로 자만심이 강한 것이다. *로슈푸코*

자기인식 자아에 대한 깨달음은 자기기만 없는
       자기인식에 있다.

자기 극복은 자기인식의 산물이다. *슈물리 보테악*

우리는 인식하고 자신을 깨닫기 위해 산다. *그라시안*

자기 인식의 결여는 독이다. 숙고와 복기는 해독제다.
제임스 클리어

인간은 자기 자신을 인식하고
사유하는 능력을 가지고 있다. *헤라클레이토스*

사람은 자기의 가치를 인식하고
만물을 발아래에 눌러둠이 마땅하다. *에머슨*

덕은 본질적으로 완벽하게 자기 자신을
스스로 통치하는 데 있다. *미셸 푸코*

이성은 자신의 업무 중에 가장 어려운 것인
자기인식을 새로이 수행해야 한다. *칸트*

인간은 자신에 대해서 숙고해서, 남에게 없는 것이
자기에게 있다고 생각할 때 기쁨을 느낀다. *스피노자*

지성은 자기를 또한 알지 않으면 자기를 사랑할 수 없다.
알지 못하는 것을 어떻게 사랑한다는 말인가? *아우구스티누스*

자비 자비, 인애, 미덕, 관용 모두 사랑의 다른 표현이다.

자비의 유사 악은 동정심입니다. *잭 콘필드*

고귀한 자비는 정의보다 앞서는 미덕이니라. *제프리 초서*

깊은 상처에서 독을 빼낼 수 있는 것은
자비와 사랑뿐이다. *톨스토이*

자비나 연민이나 관대함이 없을 때에는
사랑은 존재하지 않습니다. *크리슈나무르티*

자비는 최상의 다르마입니다. 저는 그것이
궁극의 진실이라는 것을 압니다. *마하바라타*

이 세상에서 살아가는 모든 것들에게 있어서
무엇이 모두를 위하는 도리인가? 자비이다. *빤짜딴뜨라*

우리의 자비는 겸허한 것이고 절제로 가득 차 있으며
결코 지배하려 들지 않는다. *라이프니츠*

노여움은 사랑으로써 정복하라. 악에는 선으로써 보답하라.
인색함에는 자비로써, 허위에는 진리로써 보답하라. *잠파다*

자비란 강요되는 것이 아니니, 하늘에서 대지에 내리는 단비와
같은 것. 베푸는 자와 받는 자 모두를 축복하리니. *셰익스피어*

자신 자기 자신을 아는 것이 성인 되는 첫 단계이다.

너 자신이 되라. *헨리크 입센*

우리는 우리 자신으로 살아 있어야 한다. *반 고흐*

너 자신에게로 돌아가서 자신을 직시하라. *플로티노스*

그대 자신의 상을 조각하는 것을 멈추지 말라. *플로티누스*

모든 결점은 나 자신을 알면 쉽게 고칠 수 있다. *쇼펜하우어*

세계를 움직이려는 자는 먼저 자신을 움직여야 한다.
소크라테스

의심할 여지 없이, 우리는 자신이 상상한 사람이 된다.
클로드 브리스톨

나 자신으로부터 받는 행복은
주위에서 얻는 행복보다 크다. *메트로도로스*

자신의 내부에 모든 것을 담아둔 자가
외적인 무엇을 필요로 할까. *세네카*

자기 자신을 아는 것이 신이 모든 인간에게
부과한 첫 번째 임무입니다. *라퐁텐*

자신감 자신감이란 작은 실패들과 성공들에서 단련된
마음의 용기이다.

침묵은 자신감을 갖지 못하는 자의 가장 안전한 수단이다.
로슈푸코

내가 기분이 좋고 자신감에 차 있을 때는 사람들을
배려하는 마음이나 참을성이 많아진다. *로버트 퀸*

그의 자신감은 공연한 허장성세가 아니라 자기 절제로
단련되어 그의 영혼을 강화시켜 왔다. *이소크라테스*

개인의 노력을 통해서만이 자신의 운명을 결정할 수 있으며,
충분한 자신감을 갖춰야만 행운을 기대할 수 있다. *그라시안*

뚱뚱하든, 말랐든, 키가 크든 작든, 잘생겼든
못생겼든 상관없이 이 한 가지만 기억하라.
자신감이 곧 아름다움이다. *쑤린*

자신감은 우리를 구원해주는 것은 가까이 있고, 두려운 것은
없거나 멀리 있다는 생각에 따르는 기대이다. *아리스토텔레스*

정성을 다해 양육하는 부모가 만족을 느낄 줄 아는 아이를 만들
듯, 건강하고 애정 어린 낭만적 관계는 우리를 더 행복하고 자신
감 있게 그리고 결국에는 훨씬 더 독립적으로 만든다.
레슬리 베커 펠프스

자아 참자아는 자기를 신뢰하고 분별력과 자제력을 가지는 자아이다.

자아는 항상 증오스러운 것이다. *파스칼*

자아란 바로 우리의 의식적인 지성이다. *디펙 초프라*

인간은 자아로부터 자유로워질 때 자유로워진다. *제임스 앨런*

자아는 세계와 인간관계를 자기중심적으로 이해한다.
라인홀드 니버

당신의 자아를 알면, 자연의 모든 것이 당신 것이 된다.
디펙 초프라

사실 고상한 체하는 자아도취적 인간중심주의보다
더 지능적인 악은 없다. *에드워드 윌슨*

그대가 곧 참자아이다. 그대는 항상 존재한다.
참자아는 존재 이외의 다른것이 아니다. *데이비드 갓맨*

인간의 내면은 두 개의 지독한 적대적 자아, 즉
실질적 자아와 이상적 자아의 싸움터이다. *윌리엄 제임스*

한 사물에 대한 적극적인 흥미의 종류와 양이 곧
그 사람의 자아의 질을 나타내며 그 척도가 된다. *듀이*

자연　자연이 주는 이로운 혜택만큼 인간도 자연에게
　　　　되돌려줘야 한다.

인간은 자연의 한 부분이다. *디펙 초프라*

행복은 미덕을 추구하며 자연에 맞게 사는 데 있다. *세네카*

생명의 끝은 자연이 주는 은혜 가운데 하나이다. *주베날리스*

자연이 아름다움을 산출할 때
자연의 목적을 찾는 것은 헛된 일이다. *칸트*

자연을 사랑하는 자만이 자연의 가장 아름다운
노래를 들을 수 있다. *헬렌 켈러*

행복이란 자연과 함께하는 것,
자연을 보고 자연과 이야기 나누는 것이다. *톨스토이*

무릇 덕이란 완전한 자연본성, 최고에 이른
자연본성 외에 다른 것이 아니네. *키케로*

자연의 힘은 신의 힘에 다름 아니며
이것에 의해 만물은 생성되고 결정된다. *스피노자*

"자연이 제공하는 쾌락에 만족하는 자", 그는
동물처럼 살다가 죽는 자다. *헤라클레이토스*

자유 인간의 목숨보다도 더 간절한 자유여.

자유가 아니면 죽음을 달라. *패트릭 핸리*

생각하는 사람을 자유 정신이라 부른다. *니체*

자유로운 자는 양심에 따르기 마련이다. *위고*

인생은 영혼을 육체로부터 자유롭게 하는 과정이다. *톨스토이*

자유는 가치이고 사실상 모든 가치 중의 가치다. *허버트 리드*

길들여지지 않은 자들에게 자유는 위험한 것이다.
아우구스티누스

인간이란 자기의 운명을 지배하는 자유로운 자를 말한다.
마르크스

자유를 누리고 있는 인간은
죽음 같은 것을 안중에 두지 않는다. *스피노자*

자유란 하늘이 인간에게 내려주신
가장 고귀한 선물들 중 하나이다. *세르반테스*

하나의 자유롭게 되어 버린 정신은
스스로 자기 자신을 다시 소유하게 된 정신이다. *니체*

자존감 자신에 대한 성찰로 마음속의 보물들을
 소중히 생각할 수 있다.

현실 자아와 이상적 자아의 차이가 클수록 자존감이 낮다.
칼 로저스

의존적 자존감은 타인의 칭찬과 인정으로 생성되는 자존감이다.
탈벤샤하르

자신을 사랑하는 것을 한마디로 정의하면 다음과
같다. "높은 자존감." 존 *매킨토시*

내게 해로운 것을 거부할 줄 아는 것만큼
자존감에 도움이 되는 것은 없습니다. *마리 루티*

자존감을 키우면 자아도 실현된다. 자존감을 키우는
과정은 자아실현의 과정이다. *탈벤샤하르*

자존감은 삶에서 기본적인 역경에 맞서 대응하고
그 안에서 쾌락을 느끼는 감정이다. *너새니얼 브랜든*

낮은 자존감은 우리가 신의 위대한 창조물이라거나 우주적
정신의 산물임을 확언함으로써 뿌리 뽑을 수 있다. 존 *매킨토시*

자존감이 있어 남들이 기꺼이 내준 자리에 좌지우지되지 않는
사람에게는 모욕도 복수도 차별 대우도 치욕도 불의도
아무것도 아니다. *루소*

자존심 자신을 존경받는 상태로 유지하고 싶은 마음이다.

자존심이 없는 곳에 참된 행복이 있을 리가 없다. *러셀*

자존심이 강한 사람은 언제나 도량이 좁다. *오레리아스*

교만하지 말아야 하지만, 강한 자존심을 가져야 한다. *노무현*

자존심을 낳는 것은 이성이고
그것을 강하게 하는 것은 반성이다. *루소*

복종은 비겁한 사람들의 자존심이죠,
훈장 같은 것 말입니다. *그래구아르 들라쿠르*

비난 가운데도 오직 진실한 비난만이
우리의 자존심을 흔들어놓을 수 있다. *알랭 드 보통*

자존심은 교만의 시초이다. 교만은 자존심이 억제하지
못할 때 그 형태를 나타내는 것이다. *파스칼*

정의에 입각하여 잘 다듬어진 자존심보다
더 유익한 것은 드물도다. *존 밀턴*

인간의 자존심은 수없이 많은, 마치 보이지 않는 실과 같은
다른 사람들의 존중에 의해 유지된다. *칼 야스퍼스*

※ 노무현 : 대한민국 16대 대통령

잠재력 잠재력은 긍정적인 마인드와 열정으로 잘 발현 된다.

당신의 잠재의식 속에는 세계를 움직이는 힘이 있다.
윌리엄 제임스

천성이 더 강하기 때문에 아이는 결국 그 잠재력대로 자란다.
톨스토이

인간은 다른 사람처럼 되고자 하기 때문에
자기 잠재력의 4분의 3을 상실한다. *쇼펜하우어*

모든 것은 가능성으로 잠재해 있다가
관찰자가 바라보는 순간 현실로 나타난다. *닐스 보어*

삶의 장기적 목표는 외적인 것의 획득이 아니라
강함과 같은 내면 잠재력의 개발이다. *데이비드 호킨스*

만약 다른 누군가의 길을 따라간다면, 여러분은 자신의
잠재력을 깨닫지 못하게 될 것이다. *조셉 캠벨*

사랑하는 사람은 상대방의 잠재력을 보고,
그것을 현실로 만들어주는 사람이다. *에이브러햄 매슬로*

자아실현이란 자신의 재능과 잠재력을 찾아내 이를
십분 발휘함으로써 자신의 가치를 실현하고
그 속에서 만족감을 얻는 것을 말한다. *쑤린*

재난 자연 재난보다 인간으로 인한 재난이 더 큰
상처를 남긴다.

거만엔 재난이 따르고 불손엔 멸망이 따른다. *성서*

광인들이 맹인들을 이끌고 가는 것은 시대의 재앙이다.
셰익스피어

세상의 재앙과 찬탈과 억울함이 생기지 않게 하려면
서로 사랑해야 한다. *묵자*

하늘이 내린 재앙은 피할 수 있지만,
스스로 불러들인 재앙은 피할 길이 없구나. *서경*

불행은 어리석음에 달라붙는 질병으로,
손톱만큼의 재앙에도 틈을 보여서는 안 된다. *그라시안*

오만함, 비열함과 방자함은 어떠한가? 이들은 얼마나 큰
재난을 일으키는가? 사치와 나태는 어떠한가? *루크레티우스*

남에게 재앙을 꾀하는 자는 자신에게 재앙을 꾀하는 것이고,
해로운 조언은 그런 조언을 하는 자에게 가장 해로운 법이오.
헤시오도스

어리석은 자는 재난이 닥쳐왔을 때 단지 슬퍼하고 눈물만 흘리지
만, 지혜로운 자는 재난에서부터 벗어날 방법을 찾아내는 법이다.
크릴로프

재능 아이의 성장 과정에서 많은 재능이 잠재의식에
  심어질 수 있다.

판단력은 진정한 타고난 재능이며 통찰력이다. *칸트*

타고난 재능에 따라 사는 삶이 가장 아름다운 삶이다. *괴테*

배우는 사람은 자기 자신에게 재능을 부여하는 것이다. *니체*

재능을 지닌 바보는 더러 있지만
판단력을 갖춘 바보는 결코 없다. *크릴로프*

당신의 재능과 세상의 요구가 맞물리는 곳에,
당신의 천직이 있다. *아리스토텔레스*

나는 장군들 대부분을 진흙에서 건졌다.
나는 재능을 발견하면 보답을 했다. *나폴레옹*

행복한 사람이란 아무런 방해를 받지 않고
유능함을 펼칠 수 있는 삶이다. *아리스토텔레스*

좋은 선택을 할 수 있는 재능이야말로 하늘이
인간에게 내려준 가장 위대한 것 중 하나이다. *그라시안*

유명해지기 전까지는, 남에게 없는 재능을 갈고 닦기 전까지는
누구도 당신을 원하지 않아요. *레이먼드 챈들러*

재물 재물은 축적과정이 창발적일수록
사용 과정에서도 지구적이다.

재물은 행복에 꽃을 곁들여 주는 거요. *위고*

편안한 마음과 만족할 재산은 내 마음속에 있다. *묵자*

재물은 쓰기 위한 것이고, 쓰는 것은
명예와 선행을 위한 것이다. *베이컨*

인간의 재물은 금고 속에 있는 것이 아니라,
그곳에서 꺼내서 사용하는 방식에 있는 것이지요. *루소*

최고의 곡식은 재능이며, 최고의 재물은 배움입니다.
최상의 축복은 건강이며, 만족이 가장 큰 행복입니다.
마하바라타

자기 자신을 사랑하고 스스로를 보호하고 자신을 위해 재산을
축적하는 것이 뭐가 그리 훌륭한 일이란 말인가? *세네카*

재물에 대한 욕심은 끝이 없다. 만족함을 알고 있는 자는 진정한
부자이고, 탐욕스러운 자는 진실로 가난한 자이다. *크릴로프*

평화 시에는 덕이 재물보다 덜 중요하다고 생각하는 것이 분명하
다. 그가 오만하면 할수록, 더욱 쉽게 관직에 오르기 때문이다.
스피노자

재미 작은 일들과 작은 관심에서 느끼는
  소소한 재미가 사는 맛이다.

하지 말든가, 아니면 재미있게 하라. *니체*

뭘 웃나, 이름만 바꾸면 당신 이야긴데. *호라티우스*

'영원히' 하기를 원할 만큼 가치 있고 재미있는 활동을
나는 도무지 상상할 수 없다. *셸리 케이건*

지나친 재미는 모든 일을 메스껍게 한다.
재미보다는 유쾌함이 좋고,
유쾌함보다는 행복이 낫다. *윌리엄 블레이크*

정신이 인간에게 본질적인 것이라면 최선과 최고의 재미는
정신적 삶일 것이며, 따라서 이런 정신 안에서의 삶이야말로
가장 행복한 삶이다. *장 마리 장브*

가장 고귀한 사랑을 소유한 자들은 서로 생명을 부여한다.
기쁨으로 사랑을 받아들이고 또 기꺼이 사랑을 베푼다. 피차에
서로 행복하기 때문에 세상을 재미있는 고장으로 여긴다. *러셀*

사랑을 일깨우는 특성은 세 가지가 있는데 선과 재미와 유익이다.
귀중하고 고상한 우정이 생겨나기 위해서는 시간이 필요하며 서
로 적응이 필요하다. 소금 한 말을 같이 먹기 전에는 상대를 잘
알 수 없기 때문이다. *아우렐리우스*

재산 건강도, 인품도, 지혜도, 젊음도 재산이다.

오직 자유만이 진정한 재산이다. *윌리엄 해즐릿*

이성은 인간이 가진 것 중에 최고의 재산이다. *소포클레스*

한가로운 시간은 그 무엇과도 바꿀 수 없는 재산이다. *소크라테스*

사람들은 재산을 잃는 데는 인색하면서도,
시간을 낭비하는 데는 너그럽다. *세네카*

모든 재산 중에서 가장 직접적으로 우리를
행복하게 해주는 것은 마음의 명랑함이다. *쇼펜하우어*

만족을 안다는 것이 참된 재산이며, 현명하다는 것은
적절치 못한 것을 그만두는 것이다. *빤짜딴뜨라*

재산을 모으려 하지 말고 자아의 완성을 추구한다면
이 세상 가장 큰 부자보다 더 행복할 수 있다. *에머슨*

재산이 함께 있지 않으면 고귀함이나
덕성도 별로 평가받지 못하는 법이지요. *아리오스토*

지혜는 정신의 재산이다. 물질의 재산만으로 인간은 만족한
삶을 살 수 없다. 인간의 내면에는 물질만으로 결코 채울 수
없는 부분이 있기 때문이다. *라퐁텐*

재치 상대에게 반박하는 말보다는 재치로서 난처한
상황을 빠져나가라.

재치 있는 책들이여! 어서 내게 오라. *니체*

만나는 사람마다 다른 얼굴을 하라. *에라스무스*

사려 깊지 않으면 재치도 없는 법이다. *세르반테스*

재치와 공상은 무미건조한 진리,
참된 지식보다도 쉽게 받아들여 진다. *로크*

건전한 분별력과 타고난 재능은 존중을 낳지만,
재치와 해학은 사랑을 낳는다. *흄*

말은 그 사람의 재치를 보여주지만 행동은
그 사람의 의미를 알려준다. *벤자민 프랭클린*

한 사람의 지성은 진지함에서 드러나며,
재치보다 더 많은 영예를 가져온다. *그라시안*

재치와 유쾌한 정취 또는 그 밖의 다른 교양을 통해 남을
기쁘게 하는 재주보다 우리의 허영심을 부추기는 것은 없다. *흄*

지나치게 많은 것을 드러내어 자기의 지혜나 재치로 돌리는 사람
은 그 끝이 불행하다는 것은 많은 사람들이 알고 있는 사실이다.
베이컨

절제 무엇이든 과도하게 넘치면 손해를 자초하게 된다.

절제는 곧 품격이다. *마사 누수바움*

자신의 행운과 번영을 이성과 절제로 조절해야 한다.
프랑수아 라블레

덕의 가장 위대하고 가장 아름다운 부분은 중용과 절제이다.
아우구스티누스

나는 전에 절제는 제 할 일을 하는 것이라고
누가 말하는 것을 들은 적이 있어요. *플라톤*

가득 찼을 때 덜어내지 않으면 넘치게 되며,
넘쳤을 때 절제하지 않으면 기울어진다. *사마천*

인색한 혀가 인간들 사이에서는 최선의 보배고,
혀는 절제할 때 가장 매력 있다오. *헤시오도스*

자기 절제를 실천하고 이를 용기에 더한다면
인간 능력의 극한에 다다를 수 있으리라. *플루타르코스*

힘겨운 일에도 평상심을 굳게 지키고, 감당치 못할 즐거움은
좋다만 하지 말고 마음을 다스려 절제하라. *호라티우스*

행복한 이들이 절제를 할 수 있는 것은 행복이 그들의 기분을
평온하게 해주기 때문이다. *로슈푸코*

젊음 뜨겁게 불타오르는 젊음은 측정할 수 없는
최고의 에너지다.

나이는 질병이요, 젊음은 복병이다. *존 던*

젊음이란 신비한 기다림이다. *위고*

젊음은 젊은이에게 주기에는 너무 아깝다. *버나드 쇼*

청춘이란 인생의 어떤 기간이 아니라 그 마음가짐이다.
사무엘 울만

청춘은 쉽게 기만에 빠진다. 희망을 빨리 품기 때문이다.
아리스토텔레스

육체에 깃든 정신은 똑같은 속도로 늙지 않는다.
아니, 언제나 젊음을 유지한다. *하임 사피라*

아시다시피 젊은 사람은 마음은 급하고
생각은 얕아 실수를 저지르게 마련이오. *호메로스*

젊음의 시간! 늘 추진되는 유연성!
균형 잡힌 화사하고 완벽한 성인이여! *월트 휘트먼*

자제하라. 가장 욕구가 왕성한 젊은 시절은 성품이 단련되는 시기
다. 자제는 몸과 마음에 좋은, 모든 것을 줄 것이다. *피타고라스*

정념   사랑, 공감, 감사가 너의 정념을 지배하는가?

공감을 통해 유발된 호의적 정념은 사랑 자체이다. *흄*

네 정념은 곧 나다. 그리고 그것은 내 뜻대로 되지 않는다. *알랭*

우리의 정념으로 말하면 그것들은
정열적인 성향에서 나온다고 한다. *플로티누스*

정념에서 자유로운 마음은 성채이다.
인간에게 이보다 더 튼튼한 요새는 없다. *아우렐리우스*

정념 자체는 사악한 것이 아니나, 마땅히 이성이 주도하는
의지에 의해 다스려져야 한다. *움베르토 에코*

영혼의 건강을 방해하여 영혼을 병들게 할 수 있는 것이 공포나
질투 그리고 분노와 같은 정념이다. *에피쿠로스*

친절이나 부러움은 아마 영혼의 가장 세련된 정념일 것이고, 생식
욕은 가장 거칠고 비속한 정념일 것이다. *흄*

정념을 약화시키거나 근절하지 말고 지배하라! 의지의 지배력이
커질수록 정념에 더 많은 자유가 주어진다. *니체*

우리들의 정념이 길고 짧음은, 사람 목숨의 길고 짧음과도 같아
서, 우리들의 힘으로는 어찌할 수 없다. *로슈푸코*

정서 많은 경우 신체적인 이유가 기분을 좌우한다.

우리는 정서를 일종의 정보로 활용한다. *조너선 하이트*

정서의 조절과 억제에 대한 인간의 무능력을
나는 예속이라고 말한다. *스피노자*

권력은 쾌락과 금지 따위의 정서를 산출하고,
예속은 불안과 소심 따위의 정서를 산출한다. *흄*

긍정적 정서와 부정적 정서의 비율이 3대 1일 때가
행복과 불행의 갈림길이다. *프레드릭슨*

새로운 인간은 지각과 분석의 대상이 되는 외부세계와,
느낌과 정서를 담고 있는 내부세계를 융합해낼 수 있다.
루트 번스타인

중요한 것은 각자의 역량을 완전하게 하는 것, 다시 말해서 슬픔
의 정서들을 기쁨의 정서들로 변형하는 것이다. *아리엘 수아미*

성격 형질들은 대개 다섯 가지 영역으로 나눌 수 있다. 외향성
대 내향성, 적대성 대 친화성, 성실성, 정서 안정성, 지적 개방성
이 그것이다. *에드워드 윌슨*

정서는 행위 또는 움직임이다. 정서 중 상당수는 공개적이어서,
얼굴 표정, 목소리, 특정 행동에 드러나는 정서를 다른 사람들이
볼 수 있다. *안토니오 다마지오*

정신 젊은 시절은 물질의 배고픔,
  나이를 먹으면 정신의 갈증이 크다.

나는 정신이 똑바로 박힌 사람을 찾고 있다. *엠페도클레스*

평범한 사람에게 있어 정신의 탁월만큼 불쾌한 것은 없다.
스탕달

감정을 극심하게 속박하면
정신에 많은 자유를 줄 수가 있다. *니체*

역경의 공격이 용맹스러운 사람의
정신을 바꾸는 일 없다네. *세네카*

사회의 관습과 삶의 행위들은
우리의 정신에 완전히 스며있다. *몽테뉴*

정신은 무기에 의해서가 아니라
사랑과 아량에 의하여 정복된다. *스피노자*

정신 속에 생기는 것들은 세 가지,
즉 감정, 능력, 성품이다. *아리스토텔레스*

정신적으로 건강한 사람은 자기가 가면을 쓴 채 연기를 하고 있다는 사실을 잘 알고 있지만, 그렇지 않은 사람은 자기가 연기하고 있는 사람이 곧 자기 자신이라고 생각한다. *카를 융*

정열 타오르듯 분출하는 용암처럼 너의 삶을
  정열적으로 불태워라.

세계를 움직이려는 자는 먼저 자신을 움직여야 한다. *소크라테스*

우리가 필요한 것은 정열이다. 더 많은 정열,
더 충실한 정열이다. *하베록 엘리스*

호기심과 정열, 삶에 대한 열정이 바로
완전한 건강을 가진 사람의 태도다. *디펙 초프라*

아무리 훌륭한 이론도 정열과 이익 앞에서는 굴복하여
사색하는 시간에만 의의를 갖는다. *베르그송*

행동하기 위해서는 정열이 있어야 하고,
행동을 다스리기 위해서는 이성이 있어야 합니다. *볼테르*

인생의 절반, 가장 아름다운 절반은 정열을 가지고
사랑한 적이 없는 남자에게는 숨겨져 있다. *사르비아티*

인간은 비참한 존재이다. 어떻게 해서라도 자기의 정열을 만족시
키려고 갖은 애를 쓰면서도 항상 정열의 횡포에 상처투성이가 되
고 있다. *로슈푸코*

정열이라는 것은 사실 인생에서의 한 돌발사고 같은 것이오.
다만 그런 사고는 남달리 뛰어난 영혼의 소유자에게서만
일어나는 법이지. *스탕달*

정의 정의는 자유로운 상태에서 기본적인 인권을
중시하는 가치다.

정의란 강자의 이익을 위하는 것밖에는 아무것도 아니다.
트라시마코스

정의의 한 시간은 70년 동안 올리는
기도보다 가치가 크다. *마호메트*

정의란 인간이 필요로 하는 것들 가운데
가장 고결한 것이다. *앙드레 말로*

정의는 자기 이익에 대한 타산적인 행동과
동일 선상에 놓여 있어야 한다. *홉스*

지속적인 찬사와 명성의 기반은 정의이고,
정의 없이는 칭찬받을 수 있는 것은 하나도 없다. *키케로*

통상적 의미에서 정의란 모든 사람에게 자신의 몫을
돌려주려는 항구적이며 확고한 의지이다. *스피노자*

마음의 절제와 정의를 타락한 마음속에 심어줄 수 있는
그런 종류의 기술은 존재하지 않는다. *이소크라테스*

지혜롭고 도덕적이고 정의롭게 살지 않으면 즐겁게 살 수 없고,
즐겁게 살지 않으면 지혜롭고 도덕적이고 정의롭게 살 수 없다.
에피쿠로스

정치 공동체를 유지하고 성장시키기 위한 조율 활동
전체가 정치다.

한 사람에게 정당한 것은 다른 사람에게도 정당한 것이다. *밀*

전략은 전쟁의 전부다. 정치사상은 통치의 전부다.
가브리엘 타르드

전쟁은 피를 흘리는 정치이고, 정치는
피를 흘리지 않는 전쟁이다. *마오쩌둥*

참된 음악가란 음악을 즐기는 사람이고,
참된 정치가란 정치를 즐기는 사람이다. *아리스토텔레스*

도덕과 정치는 결코 대립 되지 않는다. 왜냐하면
국가는 일상적인 도덕법칙을 따르지 않기 때문이다. *러셀*

탈냉전 세계에서 사람과 사람을 가르는 가장 중요한 기준은 이념
이나 정치, 경제가 아니다. 바로 문화다. *새뮤얼 헌팅턴*

자기 나라의 문화를 근본적으로 뜯어고칠 수 있다고 생각하는 오
만에 젖어 있는 정치 지도자는 반드시 실패한다. *새뮤얼 헌팅턴*

훌륭한 정치가가 되려면 선이 무엇인가를 알아야 하며, 이것은 동
시에 지적이고 도덕적 훈련을 통하여야만 이루어질 수 있으므로,
이런 훈련을 쌓지 않은 사람이 정치에 참여하면 반드시 나라가
부패하게 된다. *러셀*

조화 인간이 추구해야 할 것은 만물의 아름다운 조화이다.

대립은 하나로 모이고 불화에서 새로운 조화가 생겨난다.
헤라클레이토스

부조화와 악은 같은 것이다. 그러므로
악은 인간이 만들어낸 수공품이다. *성서*

아름다움은 주로 눈에 있으며 부분들이
서로 조화되고 전체와 조화될 때다. *플로티누스*

나는 온전하고 완벽하고 튼튼하고 강하며
정다울 뿐 아니라 조화롭고 행복하다. *찰스 해낼*

조화와 기쁨의 심오한 힘을 통해 고요해진 눈으로
사람의 삶을 들여다보라. *윌리엄 워즈워스*

행복의 여부는 우리가 외부에 행사할 수 있는 통제력이
아니라 내면의 조화에 따라 결정된다. *미하이 칙센트*

각 개인의 삶은, 자연과 조화를 이루게 될 때에 선이 되며,
어느 의미에서는 모든 생활이 다 자연과 조화를 이루고
있는 것이다. *러셀*

감사하면 온 마음이 우주의 창조적 에너지와 조화를 이루게 된다.
이 사실이 낯설게 느껴진다면, 잘 생각해 보라. 그것이 참이라는
점을 알게 되리라. *월러스 워틀스*

존경 존경받는 자는 존경받을 자를 위해서 거룩함을
보여줘야 한다.

선택하고, 인정하고, 신뢰함으로써 존경을 표한다. *니체*

사람은 자신이 갖지 않았거나
갖추지 못한 모습을 존경한다. *카를 융*

자기 자신을 관리하고 통제하는 사람보다
더 존경받아야 하는 사람이 누구인가? *세네카*

이따금 사람들의 감탄 대상이 되기보다는 늘 사람들의
존경을 받는 편이 훨씬 더 가치가 있다. *루소*

자기에 대한 존경, 자기에 대한 지식, 자기 억제,
이 세 가지만이 생활에 절대적인 힘을 가져다준다. *테니슨*

아름다운 행위들은 숨어서 했을 때 가장 존경받을 만하다.
숨기려고 했다는 것, 이것이 가장 아름다운 일이다. *파스칼*

인간은 자기를 존경하는 사람을 반드시 사랑한다. 그러나 자기가
존경하고 있는 사람을 반드시 사랑하지는 않는다. *로슈푸코*

누군가를 만족스럽고 힘 있으며 존경스럽고 유명하고 즐겁게 만
들어주는 바로 그것이 참되고 완전한 행복일 것입니다.
보에티우스

존재　너의 유일하고 독특한 영혼,
　　　　너는 그 영혼 자체로 존재하는 것이다.

생활은 그 자체의 존재 이유가 된다. *듀이*

나는 의심한다. 그러므로 나는 존재한다. *아우구스티누스*

보아라, 나는 항상 자신을 극복해야만 하는 존재이다. *니체*

네가 본래 존재해야 하는 것 같은 존재가 되어라. *핀다로스*

여러분은 여러분의 진정한 존재를 깨달아야 한다.
윌리엄 제임스

소유, 행함 그리고 존재는 인간 실재의 중요한 범주이다.
사르트르

기쁨은 순간적 망아의 불꽃이 아니다.
기쁨은 존재와 함께 오는 빛이다. *프롬*

아무것에도 몰두하지 않는 것과
존재하지 않는 것이 인간에게는 같은 것이다. *볼테르*

인간은 모든 사용물건의 척도이자 존재하는 것의
존재의 척도이고 존재하지 않는 것의 비존재의 척도다.
프로타고라스

존재 자연이 존재하듯 존재 자체로 인간은 존재의
　　　　이유가 된다.

존재하는 것은 모두 정당하다. *알렉산더 포프*

나는 의심한다. 나는 생각한다. 그러므로 나는 존재한다.
데카르트

행복한 사람은 존재의 목적을 충족시키는 사람이다.
도스토예프스키

인간은 스스로를 만들어가는 존재이며
그 과정을 결코 멈추지않는다. *롤랑 셰어*

현실 생활의 지배권은 생각하는 존재보다는
훨씬 더 사랑하는 존재에 속해 있다. *콩트*

사람은 누구나 다 특권 가진 존재다.
세상엔 특권 가진 사람들밖에는 없는 것이다. *까뮈*

인간은 누구나 창조적인 존재로 태어난다. 그런데 모방적인
존재로 죽는 사람이 그렇게 많은 이유는 무엇인가? *에드워드 영*

개인이 자신의 존재를 자신의 방식대로 펼치는 것이 최상이다.
이는 그 방식이 최고라서가 아니라, 그만의 방식이기 때문이다.
밀

존중 인간은 하나의 인격체로서 존중받을 가치가 충분하다.

남들에게 존중받고 싶다면 먼저 스스로를 존중하라.
도스토예프스키

진리를 먼저 존중하는 것이
겸허한 태도이다. *아리스토텔레스*

사랑은 본래 행복의 근원이다. 그러므로
무엇보다도 존중해야 한다. *러셀*

마음속 깊은 곳에서 자신을 크게
존중하는 사람은 아무도 없다. *마크 트웨인*

자기 자신을 멸시하는 자라 할지라도,
역시 멸시자로서 자신을 존중한다. *니체*

과도한 자기 존중은 이성을 방해한다. 그러므로
과도한 자기 존중은 정신의 혼돈 상태다. *홉스*

대중의 잘못을 고쳐 줄 만큼 강력한 인물이 못되면
그들의 어리석음을 존중해야 한다. *볼테르*

자신을 도울 준비가 되어있지 않은 자를 어떻게
도울 마음이 생기겠는가? 자신을 존중하지 않는 자를
어떻게 존중할 수 있겠는가? *베르나르 베르베르*

종교 종교의 가치는 두려움 탈출, 정신적 위안,
　　　소원의 성취가 우선이다.

종교는 오직 너와 신 사이의 문제라는 것을 잊지 마라.
비트겐슈타인

습관적으로 조절된 경탄은
하나의 종교로 부를 가치가 있다. *실리 교수*

종교의 기초는 죽음의 공포를 줄이기 위한
인간에 의한 시도이다. *프로이트*

내가 진실하다고 믿지 않는 종교는
나에게 진실하지도 유익하지도 않다. *로크*

모든 종교들은 사람들의 마음에 생겨난
어떤 균열들을 치료해주고자 한다. *카를 융*

종교는 부인할 수 없는 인간종 고유의
주요 행동 범주에 속한다. *에드워드 윌슨*

종교의 가장 중요한 사회적 효과는,
사회의 요구들을 지탱하고 강화하는 역할이다. *베르그송*

종교에 관한 한, 인간이 신을 전적으로 사랑하고 신실한 마음으로
그를 예배할 때, 인간이 가장 자유롭고 자신에게 가장 성실한 상
태라는 것은 더욱 분명하다. *스피노자*

주인 남의 말이나 생각에 따라 움직이면 주인이 없는 자다.

마음먹는 순간 이미 준비는 완료된다. *셰익스피어*

인간은 각자가 자기 자신의 주인이오,
스스로에 대한 재판관이다. *로크*

내 마음의 진짜 주인이 될 때 비로소
진정 자신을 주재할 수 있다. *쑤린*

타인의 의식 속에서 무슨 일이 일어나든
우리에게는 상관없다. *쇼펜하우어*

사람을 스스로의 참된 주인으로 만들어주는
유일한 것, 다시 말해 도덕적 자유. *루소*

습관은 모든 위대한 사람들의 하인이고,
실패한 사람들의 주인입니다. *아리스토텔레스*

인간이 자신의 온전한 주인이 되는 것은
어떤 대가라도 치를 가치가 있는 특권이다. *니체*

'양심', 그것만이 유일한 독립주권을 가지고 있어.
그것이 그대로 한 인간의 주인인 거야. *마크 트웨인*

현명한 자는 자기 마음의 주인이 되지만,
미련한 자는 그 노예가 될 것이다. *푸블릴리우스 시루스*

주체성   자신이 누구인지 알아야 주체성 있는 삶을
         살 수 있다.

정신은 삶을 조정하는 주체이다. *제임스 앨런*

자유로워진 주체는 내부에 무한한 힘을 지닌다. *헤겔*

자신의 정체성에 대한 느낌은
함께 사는 사람들의 판단에 좌우된다. *알랭 드 보통*

윤리는 개인적이건 집합적이건 간에 한 주체의
실천들에 대한 판단원리이다. *알랭 바디우*

영혼은 육체의 도움을 받아서만이 더 높은
관찰을 할 수 있는 주체로 고양될 수 있다. *토마스 만*

'히스테리'란 주체가 자신의 과거 혹은 신체를 망각하는,
혹은 인식하지 못한다는 현상입니다. *미셸 푸코*

지성이 인식의 주체이자 대상이고, 지성이 사랑의 대상이자
주체이다. 바로 이 인식과 이 사랑이 의식의 핵심을 이룩한다.
아우구스티누스

그대는 그대 삶의 주체가 되라. 이 사회가 요구하는 대로 움직이는 노예가 되지 말라. 그대의 의식을 사용하라. 그대의 눈을 사용하라. 그대 자신의 생각과 판단을 갖고서 깨어 있어라.
오쇼 라즈니쉬

죽음 삶의 끝이 있기에 삶에 대한 애착이 있다.

잘 죽을 사람은 잘산 사람이다. *에드가 모랭*

죽음은 영혼이 몸에서 해방되는 사건이다. *소크라테스*

죽은 자만이 눈물 없이 고통을 잊을 수 있는 법. *에우리피데스*

인간은 태어나자마자 이미 죽기에 충분할 만큼 늙어 있다.
요하네스 폰 테플

사랑, 자유, 신은 죽음보다 더 강하다.
그 반대도 마찬가지다. *얀켈레비치*

누군가 죽기 전에는 그 사람의 인생이
행복한지 불행한지 알 수 없다. *소포클래스*

삶이여, 내가 너를 귀여워하는 것은
죽음의 덕분이고 죽음이 있기 때문이지요. *세네카*

죽음을 배운다는 것은 노예근성과 한계를 포기하는 것으로,
자유를 배우는 것과 같다. *몽테뉴*

죽음은 우리가 존재하는 동안은 우리 곁에 없으며,
죽음이 닥쳐왔을 때는 이미 우리는 존재하지 않는다.
디오게네스

중용 조화를 이루고 절제와 평화와 사랑이 상존토록 한다.

지나침과 모자람은 악의 특색이고 중용은 덕의 특색이다.
아리스토텔레스

거창한 것을 멸시하고 지나친 것보다는
중용을 더 좋아하는 것이 위인의 특성이다. *세네카*

중용은 곧으면서도 온화하고 너그러우면서도 씩씩하며 굳세면서도 사납지 않고 대범하면서도 오만하지 않은 것이다. *정약용*

탁월성은 이성적 선택과 결부되어 굳어진 품성의 상태이며,
중용, 즉 우리 삶과 상관관계에 있는 중용에서 구현되는 것이다.
아리스토텔레스

바른 삶은 즐거움들을 추구해야만 된다고도, 그렇다고 해서 괴로움들을 아주 피해야만 한다고도 주장하는 것이 아니라 바로 중용을 반겨야 한다. *플라톤*

중용을 지키는 자는 자기 자신을 아름답다고 생각한다.
그는, 중용을 지키지 못하는 자의 눈에는 거칠고 냉정하며,
따라서 추하게 보인다는 사실을 알지 못한다. *니체*

진실로 행복한 생활이란 모든 장애에서 벗어난 선의 생활이며, 선이란 중용에 있다는 것을 진실이라고 받아들인다면, 가장 좋은 생활 방식은 중용에 있다. *아리스토텔레스*

즐거움 괴로움이 아무리 많다 하더라도 더 많은
　　　　　즐거움으로 살아간다.

삶의 즐거움을 포기하지 마라. *솔로몬*

필요에서 시작한 것은 서서히 즐거움이 되어간다. *세네카*

행동에서 한없는 즐거움이 나온다는 것은 사실이다. *알랭*

사소한 선물로 많은 즐거움을 주는 것은
위대한 사람의 특권이다. *니체*

어떤 즐거움도 진리의 높은 곳에 서는
일과는 비교할 수 없다. *루크레티우스*

사려 깊고 아름답고 정직하게 살지 않고서는
즐겁게 살 수 없다. *에픽테토스*

그런데 깊이 생각해 볼 필요도 없이 모든 즐거움 가운데서
가장 달콤한 즐거움은 사랑이지. *아베 프레보*

자기 자신의 고통, 자기 자신을 스스로 괴롭힌다는 것에도
풍부한, 넘칠 정도의 풍부한 즐거움이 있다. *니체*

마음의 모든 즐거움과 쾌락은 사람들이 자신을 타인과 비교하여
스스로 위대하다고 생각할 수 있는 데서 비롯된다. *홉스*

증오 괴롭힘, 시기심, 질투, 미움이 쌓여서 증오가 된다.

차이점은 증오를 낳는다. *니체*

빈말은 친구를, 진실은 증오를 낳는다. *테렌티우스*

사랑을 강요하는 행위는 증오를 야기한다. *쇼펜하우어*

나는 다른 이들을 증오하기에는
나 자신을 너무 사랑한다. *루소*

인간은 증오의 대상이 파멸되었다고 생각될 때
쾌감을 느낀다. *스피노자*

증오는 증오로 결코 멈추어지지 않는다.
증오는 단지 사랑으로만 멈출 수 있다. *붓다*

용감한 행위에서 비롯된 증오는 증오라기보다는
오히려 영광으로 여겨야 한다. *키케로*

언젠가 친구가 될 수 있을 것처럼 적을 증오하고,
적이 될 수 있을 것처럼 친구를 사랑하라. *소포클레스*

상처받은 자존심은 감정을 날카롭게 하고,
과오를 저지르게 하고, 기분을 상하게 하고,
마침내 증오를 낳게 됩니다. *쇼데를로 드 라클로*

지금 소중한 지금 이 순간은 맥없이 흘러가기 때문에 놓치기 쉽다.

지금 우리의 모습은 우리가 생각한 것의 결과다. *붓다*

나는 전에도 행복했고, 지금도 행복하다고 느꼈다. *카뮈*

지금 있는 곳에서 지금 가진 것으로 최선을 다하라. *루즈벨트*

모든 사람은 지금 막 태어난 것처럼 세상을 떠난다.
에피쿠로스

완전히 다른 삶을 위해, 지금 단 하나의
결정만 내리면 된다. *애니 듀크*

지금의 인생을 다시 한번 완전히
똑같이 살아도 좋다는 마음으로 살라. *니체*

영원히 살 것처럼 살아라. 지금 이 순간을 살아라.
삶을 받아들여라. *슈뮬리 보테악*

결국 모든 것이 지나가 버리지. 지금도 지나가고 있고.
하지만 사랑이 남아. *헨리 제임스*

현재는 감각으로서의 지금이다. 과거는 기억으로서의 지금이고,
미래는 기대로서의 지금이다. *아우구스티누스*

지배   너의 어긋난 정신이 너를 지배하지 않도록
　　　　다스려야 한다.

세상을 지배하는 것은 상상력이다. *나폴레옹*

쾌락에 지배되는 삶은 고통에도 지배될 것이다. *세네카*

사랑과 지배는 결코 경쟁자를 허락하지 않는다. *제프리 초서*

의심할 것도 없이 일류 지배권은 지식 속에 파묻혀 있다.
베이컨

정신은 지배하도록 운명 지어진 것이 아니라
봉사하도록 되어 있다. *콩트*

자기 자신을 지배하지 못하는 사람은
성공했다고 말할 수 없다. *세론 듀몬*

갈망들로 해서 사나워진 혼을 지배하게 된 욕망은
막강한 것입니다. *플라톤*

약자는 기분이 행동을 지배하지만,
강자는 행동이 기분을 지배한다. *오그 만디노*

그대는 다른 사람의 지배와 통제로부터
그대의 지배와 감독 안에 자신을 맡겨라. *세네카*

지성 지식을 쌓아 풍부한 상상력과 깊은 사고로
조화로운 정신을 만들어 간다.

지성의 행복을 놓쳐 버린 한스러운 사람들. *단테*

지성의 목소리는 낮다. 그러나 꺾이지 않는다. *프로이트*

박식이 지성을 갖도록 가르치지 않는다. *헤라클레이토스*

의지가 선을 향하는 것처럼, 지성은 참을 향한다.
토마스 아퀴나스

감히 알려고 하라! 당신 자신의 지성을
사용할 용기를 가져라! *칸트*

인간에게서 현명하고 선량한 지성보다
더 훌륭한 것이 무엇인가? *키케로*

생각하고 그 지성을 사용하는 것은
신성한 존재의 작용이다. *아리스토텔레스*

허풍스런 표현은 지성의 결점을 드러내며
천박한 인격과도 직결된다. *그라시안*

지성에 눈 감은 사람은 절대 확실히
가장 예속된 자, 가장 노예인 자이다. *로크*

지식 지식 중의 지식은 삶의 향상과 사랑에 관한 실천 지식이다.

인간에게 지식은 곧 힘을 말한다. *베이컨*

지식을 추구하는 것은 인류의 천성이다. *아리스토텔레스*

창조적인 일에는 상상력이 지식보다 더 중요하다. *아인슈타인*

최대한의 지식이 없이 판단하는 자는
오판을 면할 수 없다. *크릴로프*

당신이 지식을 늘리지 않는다는 것은 실은
지식을 줄이고 있는 것이 된다. *힐렐*

지식은 불합리한 공포와 욕망을
자동적으로 제거함으로써 자유롭게 해준다. *에피쿠로스*

지식을 얻고 진실에 접근할 수 있는 유일한 길은
온갖 종류의 의견을 살펴보는 것뿐이다. *밀*

사랑은 태양에서 빛이 나오는 것과 마찬가지의 필연성으로
참된 지식에서 나온다. *스피노자*

이성은 감각의 지각작용보다 훨씬 확실한 지식의 원천이고,
이성적 생활이야말로 최상의 인생이다. *헤라클레이토스*

지혜 인간에게 있어서 가장 지혜로운 사람은
베풀 줄 아는 사람이다.

네가 가진 모든 것을 주고, 지혜를 구하라. *격언*

지혜란 구해야 할 것과 피해야 할 것에 대한 지식이다.
키케로

우리는 쾌락 대신 지혜를, 행복 대신
깨달음을 추구해야 한다. *쇼펜하우어*

모든 사람은 지혜로운 만큼 행복하고,
지혜롭지 못한 만큼 불행하다. *그라시안*

지혜도 덕성도 없는 자유는 가능한 모든 악덕
중에서 가장 나쁜 것이다. *에드먼드 버크*

지혜란 곧 내면의 자유이며 각자의 정체성을 구성하는
원소 중에서 감정을 제거해야만 획득할 수 있다. *제논*

지혜로운 사람은 자기 안에서 모든 것을 구하지만 어리석은 사람은 다른 사람의 것을 부러워하며 모든 것을 밖에서 찾는다. *공자*

인간의 지혜란 하잘것없는 것이며, 지혜와 관련해서
자신의 무가치함에 대한 확신을 가진 사람이야말로
진실로 가장 지혜로운 사람이다. *소크라테스*

지혜 지혜로운 자는 작은 것을 살피기보다는 넓은
시야를 갖는다.

자신을 아는 것이 가장 큰 지혜이다. *탈무드*

누가 가장 지혜로운 자인가? 시기를 아는 것. *미손*

지혜는 듣는 데서 오고, 후회는 말하는 데서 온다. *영국 속담*

탐욕과 성냄과 어리석음의 마음이 없으면
지혜라 일컫나니. *붓다*

진정한 겸손은 내면에 있고 그 근본이 되는 것은
바로 지혜다. *랍비 나만*

자신의 완벽하지 않은 부분을 용감하게
드러낼 줄 아는 것은 하나의 큰 지혜다. *쑤린*

많은 것을 아는 것보다 가장 소중한 것을
아는 사람이야말로 지혜로운 자다. *타카모리 켄테스*

슬기로운 자의 지혜는 자기의 길을 아는 것이고,
미련한 자의 어리석음은 속이는 것이다. *솔로몬*

다른 사람의 어리석음을 비난하면 할수록 자신의 지혜를
도야하는 데 더욱 힘을 써야 할 것이다. *이소크라테스*

직관 경험과 관조로 직관력을 올바르게 키워라.

진리는 이성으로 직관하는 것이다. *아우구스티누스*

우리의 최고 수준의 지식은 추리가 아닌 직관이다. *로크*

직관이란 우리의 경험을 판단과 선택으로
바꾸는 방식이다. *멜라니 클라인*

내용(직관)이 없는 사유는 공허하고,
개념이 없는 직관은 맹목적이다. *칸트*

하나의 본성이라는 글자를 분명하게 직관하면,
만 가지 이치가 분명해진다. *왕수인*

직관은 명료하고 주의 깊은 정신에 의해 의심할 수 없는
진리를 발견하는 정신적 집중력이다. *데카르트*

새로운 사실의 발견, 전진과 도약, 무지의 정복은
이성이 아니라 상상력과 직관이 하는 일이다. *루트번스타인*

직감과 직관, 사고 내부에서 본질이라고 할 수 있는 심상이 먼저
나타난다. 말이나 숫자는 이것의 표현에 불과하다. *아인슈타인*

지혜는 직관적 지성과 학문적 인식이 합쳐진 것이며, 가장 고귀한
일들에 대한 최정점의 학문적 인식이다. *아리스토텔레스*

진리 우리는 모두 진리의 추구자이며 진리의 실행자이다.

저마다 자기 진리가 있다. *피란델로*

진리는 그 어떤 것보다 강하다. *에라스무스*

사랑만이 진리의 삶이며 즐거움이다. *알랭 바디우*

밤은 도둑 편이고, 빛은 진리 편이다. *에우리피데스*

지혜가 진리 이외의 다른 것이라고 믿느냐? *아우구스티누스*

당신에게 진리인 것은 당신에게만 진리입니다. *로렌스 R 스펜서*

진리의 신앙, 이것은 진리의 향수이고
인간 본성의 최고선이다. *베이컨*

진리의 힘은 무한대다. 그 힘은
세분되어 지. 정. 의로 나누어진다. *톨스토이*

인생은 마지막에 우리에게 진리를 주지만
그 대가로서 우리의 청춘을 빼앗는다. *사라 티스데일*

진리를 더욱 열렬하게 갈구하고 더욱 항구하게 뒤쫓으며
마지막으로 더욱 감미롭게 향유하기에 이르는데, 그것을
일컬어 행복한 삶이라고 한다. *아우구스티누스*

진리 진리는 사실 아주 단순하다.
      정도에서 벗어나지 않는 것이다

진리는 지성의 완성이다. *토마스 아퀴나스*

너희가 진리를 알지니 진리가 너희를 자유하게 하리라. *성서*

미와 진리는 본래 또는 이념에 따라서 볼 때 하나다.
프리드리히 셸링

스스로를 등불로 삼고 스스로에 의지하라.
진리를 등불로 삼고 진리에 의지하라. *붓다*

진리를 체현하고 인간으로서의 완성된 경지에
도달하려는 것이 인생의 목적이다. *톨스토이*

밖으로 나가지 말라! 네 자신에게 돌아가라!
인간의 내면 안에 진리가 살고 있다. *아우구스티누스*

나는 나를 이끌어줄 빛이 내 안에 있는 줄도 모르고
온 세상을 찾아 헤맸는데, 진리의 빛은 내 안에 있었다.
수피의 지혜

우리는 진리와 선을 깨닫기 위해 이 세상에 태어났다.
단 1초라도 지나간 것들에 머물지 말고 아침마다
새로운 해를 맞이하라. *에머슨*

진실 진실을 따라가는 것이 인생 최고의 전략이다.

진실보다 고귀한 신앙은 없다. *속담*

진실은 가장 안전한 거짓말이다. *탈무드*

진실을 위해서는 용기와 결단이 필요하다. *칸트*

인간은 원하는 것을 진실이라고 상상한다. *데모스테네스*

진실은 포도주와 어린아이의 입속에 들어있다. *알키비아데스*

진실에게 더 위험천만한 적은 거짓이 아니라 바로 확신이다. *니체*

모든 폭력과 허위는 사라지지만
진실과 사랑은 영원히 남는다. *간디*

그대는 진실을 아직 그대 발로 버티고 서서
세우지 못하는군요. *단테*

진실의 가장 큰 벗은 세월이고, 가장 큰 적은 편견이며,
변함없는 친구는 겸손이다. *콜튼*

만일 누군가 나의 생각과 행동에서 잘못된 점을 지적해줄 수
있다면 나는 기꺼이 그것을 고치고 싶다. 나는 누구도
상처받지 않는 진실을 추구하기 때문이다. *아우렐리우스*

질병 예기치 못한 질병을 예방하려면 신체의 균형을
유지하라.

절망은 병이다. *키르케고르*

어리석음은 정신의 질병에 지나지 않는다. *세네카*

한 마디의 거부는 서른여섯 가지의 질병을 치료한다. *속담*

질병은 단절에서 기인하며, 건강의 유지는
연결성과 관련 있다. *게리 슈워츠*

어린 시절의 상처를 놓아주지 않으면
크고 작은 질병의 뿌리가 된다. *제임스 페너베이커*

우리는 지나친 쾌락과 고통을 혼이 걸릴 수 있는
가장 심각한 질병으로 보아야 해요. *플라톤*

알지만 모른다고 생각하는 것은 최고의 각성이고,
모르면서 안다고 생각하는 것은 질병이다. *노자*

어리석음과 악폐와 불의와 불행은 질병의 여러 종류로서
과학이 진보하면 영구적으로 제거될 것이다. *콩도르세*

올바른 양육에 더하여 교육을 받게 되면 최악의
질병(무지)에서 벗어나 아주 온전하고 건강해지지요. *플라톤*

질서   자신의 정신 안에서 생각의 질서가 먼저
        바로잡혀야 한다.

도덕적인 질서는 이익의 균형에서 오는 것이다. *제러미 벤담*

우리의 두뇌는 확실성과 질서를 만들어내기 위해 발달했다.
애니 듀크

사피엔스는 상상의 질서를 창조하고
그것을 믿는 능력을 가졌다. *유발 하라리*

세계 이성이야말로 세계질서의 인도자이고
세계 이성은 자연법과 동일하다. *키케로*

진정한 사랑은 무엇일까? 아름다움과 질서에 대한 사랑,
곧 절제와 조화로운 것에 대한 사랑 아닐까? *플라톤*

사랑은 우리의 원칙, 질서는 우리의 토대, 진보는
우리의 목표라는 것이 실증주의의 기본 성격이다. *콩트*

저 위대한 질서를 짐작하는 말마디나마 어디서 찾아낼 수
있던가? 저 모든 학문을 연마해야 한다는 것이 내 생각이라는
한마디뿐이다. *아우구스티누스*

자신이 아는 지식의 균형이나 질서를 바라보는 것에서는
많은 정서적 만족을 얻을 수 있다. 게다가 그 만족은
정당한 만족이다. *듀이*

질투 질투는 정신을 피곤하게 하고 에너지를
소모시키는 정념이다.

질투는 사람들 한숨에 부채질하는 거란다. *단테*

질투만큼 행복을 해치는 감정은 없다. *데카르트*

비참하다는 것만이 이 세상에서 질투를 면한다. *보카치오*

모든 정념 가운데 가장 반사회적이고
가증스러운 것이라고 할 질투. *밀*

우리가 질투하는 사람들의 불행이 우리에게는
가장 큰 즐거움이다. *독일 속담*

질투란 잡초와 같아서 물을 끼얹으면 오히려
더 빨리 자란다. *코시모 메디치*

참견을 잘하고 꼬치꼬치 캐묻기 좋아하는 사람은
보통 질투가 많다. *베이컨*

사람은 때와 장소와 연령, 명성 등으로
자기와 가까운 것에 대해 질투를 느낀다. *아리스토텔레스*

자기비하가 심하고 매우 겸손하다고 생각되는 사람들은
보통 극히 야심적이고 질투가 많다. *스피노자*

집중 한 가지 일에 정신의 집중이 없다면 무엇에 쓰랴.

진정한 힘은 집중하는 데 있다. *제프리 슈워츠*

온 마음을 오직 한 곳에만 집중하면 기적을 이룰 겁니다.
카잔차키스

지금 하는 일에 완전히 몰두할 때
넌 산만하지 않고 행복하다. *스펜서 존슨*

진정으로 강한 힘을 집중할 수 있도록
노동과 고통과 피해를 통해 고뇌하라. *세네카*

어떤 일에 관심을 집중하거나 어떤 행동을 강화하는 것으로
행복한 사람이 될 가능성이 커진다. *테드 레온시스*

사람들이 스스로 행복감을 맛보는 순간은 어떤 일에 집중하여
내가 나임을 잊어버리는 시간이다. *칙센트미하이*

'한 가지 일에 장시간 집중할 수 없다'고 하는 것은 '나는 바보입니다, 하고 싶지 않습니다'라고 말하는 것과 다를 바가 없다.
필립 체스터필드

인간은 아무리 시시한 것으로 보여도 하나의 대상에 전적으로 몰두하는 능력을 가지고 있다. 또 그것을 향해 주의를 집중하면, 무한히 커지지 않는 시시한 대상은 없다. *톨스토이*

집착 자신의 고정관념에 대한 집착이 변화에 대한
적응을 방해한다.

마음이 사람의 속박과 해탈의 원인이니
세상에 집착하면 속박이요
세상에서 풀려나면 해탈이라. *우파니샤드*

괴로움은 우리가 자신의 집착에 치르는 대가일 뿐이다.
데이비드 호킨스

상대를 제압함으로써 자신을
드러내고자 하는 집착은 야만이다. *니체*

쾌락과 고통을 예측함으로써
어떤 대상에 대한 혐오나 집착이 발생한다. *흄*

인간은 감각에 집착하면 반드시 잘못을 범하게 되고,
그것들을 길들임으로써 원하는 것을 이루는 것입니다.
마하바라타

육신에 집착하고 얽매이는 것을 벗어나야 한다. 또한 보고 듣는
느낌과 생각, 의지와 의식의 얽매임에서도 벗어나야 한다. *붓다*

우리는 그것이 모닥불 가의 이야기 이건, 소설이건, 연극이나
텔레비전 드라마이건 상관없이 허구에 그토록 집착한다.
마이클 코벌리스

죄 사람은 죄의 대가를 받을 줄 알면 잘못을
  저지르기를 꺼린다.

눈에 띄지 않은 범죄는 이루어지지 않은 범죄이다. *속담*

옳지 못한 행동을 하면 나 자신에게 해가 되므로
스스로 죄를 짓는 것이 된다. *아우렐리우스*

아들을 가르치지 않는 아버지나, 아버지의 가르침을
무시하는 아들이나 똑같이 죄가 있다. *공자*

죄가 아니고 벌이 악행을 자제시킨다면 범죄자는
실수를 한 것이지 사악한 존재는 아니다. *키케로*

죄 없는 마음은 누더기를 걸쳐도 백합꽃으로
장식한 것이나 마찬가지로 훌륭한 것이오. *위고*

목숨을 건지기 위해 명예를 - 살아가는 모든 의미를 -
저버리는 것보다 큰 죄악은 없다. *유베날리스*

죄 때문에 받는 처벌보다는 죄에 익숙해지면서 서서히
영혼이 파멸하게 되는 것, 이것이 더 무거운 벌이다. *톨스토이*

의도가 없으면 죄가 될 수 없다는 것이 법의 기본원칙이야.
단순히 재수가 없어서 우연히 일어난 일을 범죄로
몰아붙일 수는 없어. *루키우스 아풀레이우스*

ㅊ : 치읓편

만약 사람이 자신을 사랑하려 한다면
착한 일을 받들어 실천해야 하느니 좋은 일을 쌓음으로써
스스로 기쁨을 얻을 수 있다. *붓다*

나에게 어울리지 않는 칭찬보다는,
나에게 도움이 되는 비난 쪽을 고맙게 여겨야 한다.
프랑수아 드 라 로슈푸코

차이 각자 소명에 따라서 산다면 삶의 차이는
        무시해도 될 정도다.

행운을 전혀 얻지 못한 사람이나 얻은 사람이나 차이가 없다.
세네카

털 끝만한 마음의 차이가 천 리만큼이나
다른 운명을 만들어낸다. *맹자*

쾌락과 쾌락 사이에는 질적인 차이는 없으며 또 어떤
쾌락이 다른 쾌락보다 나은 쾌락이지도 않다. *아리스티포스*

이미 사람들은 범죄자와 정신병자 사이에는 본질적인
차이가 없다는, 피할 수 없는 통찰 앞에 서 있다. *니체*

네 뒤의 무한한 시간과 네 앞의 무한한 시간을 보라.
거기에서 사흘 난 아이와 세 세대를 산 노인 사이에
무슨 차이가 있겠는가? *아우렐리우스*

사랑을 이용하여 두 사람의 차이를 메우거나 어느 한쪽을
움츠러들게 하는 것이 아니라, 두 사람 모두 있는 그대로
기뻐하는 것이 사랑이다. *니체*

자기 자신을 미워하는 사람이 과연 남을 사랑할 수 있을까요? 자기 자신과 의견 차이를 보이는 사람이 과연 남과 화합할 수 있을까요? 너무 엄격해서 자기 자신조차 짜증나게 만드는 사람이 과연 남을 즐겁게 해줄 수 있을까요? *에라스무스*

착각 마음이 서툴고 신중하지 못할 때
　　　　 착각을 일으킨다.

자신이 지혜롭다고 착각하지 않는다면,
그것이 오히려 지혜로운 것이다. *그라시안*

진실의 여부를 떠나 부정적 착각보다는
긍정적 착각이 훨씬 유익하다. *옌스 피르스터*

상상력은 실제 얼굴보다 더 풍요로우며,
착각은 귀로 들어가서 눈으로 빠져나온다. *그라시안*

인간의 판단력이 안고 있는 가장 위험한 결점은 자기가
좋아하는 것은 항상 옳다고 착각한다는 점이다. *톨스토이*

만약 인간이 자신의 애인을 그녀에 대한 사랑 때문에 사랑하고
있다고 믿는다면 이것은 당치도 않은 착각이다. *로슈푸코*

우리는 대개 나의 일이 누군가를 위한 일이라고 착각한다.
사람들이 하는 일은 어떤 일이든 자신을 위해 하는 것이다.
닐 도날드 월쉬

무상한 것을 영원하다고 여기거나, 순수하지 않은 것을 순수하다고 여기거나, 고통을 즐거움으로 여기거나, 자기가 아닌 것을 자기로 여기는 것, 이 모든 착각을 영적 지혜의 부족이라 한다.
아헹가

착함 아이에게 '착하다'는 말은 수동적이다.
'정말 잘했어'라고 말하라.

착한 마음이 불운을 물리친다. *세르반테스*

그대의 말을 그대의 표정으로 부수지 말라. *오비디우스*

착한 여자와 결혼한 사람은 모든 걸 가진 남자다. *에스파냐 속담*

먼저 마음의 착함을 구하라, 다른 것은
주어지거나 결여 되지 않을 것이다. *베이컨*

사랑은 신의 마음이 행동으로 나타난 것이다.
사랑은 일반적으로 착한 일을 의미한다. *톨스토이*

착한 성품과 명민한 이성이 함께 있어야 한다.
실수는 인간적인 일, 용서는 신성한 일. *알렉산더 포프*

사랑은 비처럼 내린다. 비는 착한 사람 위에도, 악한 사람 위에도 차별 없이 내린다. 사랑도 이와 같아서 누구라도 적신다. *니체*

남에게 선을 베푼 자는 자기 자신에게도 선을 베푼 자이다. 착한 일을 했다는 의식은 인간에게 최고의 보수이기 때문이다. *세네카*

만약 사람이 자신을 사랑하려 한다면 착한 일을 받들어 실천해야 하느니 좋은 일을 쌓음으로써 스스로 기쁨을 얻을 수 있다. *붓다*

창조 생각하고 행위하는 인간은 스스로 창조하며 산다.

삶은 영원한 창조이다. *타고르*

마음이 모든 걸 창조한다. *플랑크*

인간은 오직 의욕을 가지고 창조할 때만
행복을 맛볼 수 있다. *알랭*

최고의 선이란 창조적인 선이다.
진정한 위대함이란 창조력이다. *니체*

우리를 만드신 조물주처럼 '창조'함으로써
우리도 신에게로 이르는 것. *고갱*

'듣는다'는 것은 사람을 끄는 이상한 것이며,
그것은 창조력이다. *브렌다 웨란드*

삶은 자신을 발견하는 과정이 아닌 자신을
창조하는 과정이다. *조지 버나드 쇼*

고통은 사람을 매우 창조적이게 하고
역경은 약삭빠르게 하는 법이다. *오비디우스*

필요한 용기, 지성, 노력을 발휘하기만 한다면,
인간은 자신의 운명을 창조할 수 있다. *듀이*

책 역사가 시작된 이래로 책보다 사람들에게 도움을
      준것은 없으리라.

책 없는 방은 영혼 없는 육체와도 같다. *키케로*

나는 책을 읽지 않았다. 도서관을 통째로 읽었다. *에디슨*

나는 보통사람의 평균보다 5배 정도 더 책을 읽는다. *워렌 버핏*

모름지기 남자는 다섯 수레에 실을 만한
많은 책을 읽어야 한다. *두보*

요즘은 밤잠을 아껴 책을 읽고 있다.
식사도 하루 한 끼로 버티고 있다. *나폴레옹*

미친 듯 열렬히 책을 읽었다. 죽기 살기로
멈추지 않고 책을 먹어 치웠다. *모택동*

책을 읽지 않는다는 것은 무지하다는 점에서
문맹자와 별반 다를 바 없다. *피터 드러커*

책을 다 읽을 시간이 없으면 최소한
만지고 쓰다듬기라도 해라. 쳐다보기라도 해라. *처칠*

책이란 무릇, 우리 안에 있는 꽁꽁 얼어버린 바다를
깨뜨려버리는 도끼가 아니면 안 되는 거야. *카프카*

책임 죽은 자가 아니라면 자신의 의무와 책임에서
　　　　벗어나는 사람은 없다.

스스로에게 책임을 져라. *알렉산더 그린*

나이 40이 되면 자신의 얼굴에 책임을 져라. *링컨*

자유란 자기 책임에 대한 의지를 갖는 것이다. *니체*

사람이 된다는 것은 바로 책임을 안다는 것이다. *생텍쥐페리*

인간이면 누구나 무엇이 참으로 선한 것인지를
스스로 판단할 능력과 책임을 가져야 한다. *로크*

사람의 크기는 그가 기꺼이 받아들이는
책임의 크기를 봄으로써 가늠할 수 있다. *에머슨*

우정은 비겁의 한 형태일 뿐이며, 사랑이라는
더 큰 책임과 도전을 회피하는 것이다. *프루스트*

일반적으로 고통, 허약체질, 우울증 그리고
불행의 책임은 부모에게 있다고 봐야 한다. *허버트 스펜서*

사람들은 자신이 어리석고 경솔하게 처신을
잘못해 놓고도 운명을 탓함으로서
자신의 책임에서 면제된 것으로 생각한다. *라퐁텐*

천국 인간 세상을 천국으로 만들기 위해 마음을 다스려라.

천국은 너희 안에 있느니라. *성서*

좋은 마음에는 천국이 있다. *세네카 영거*

우리는 각자 자신만의 천국이나 지옥을 창조한다.
데이비드 호킨스

사람은 천국이나 지옥을 숭배하며 그러다
결국에는 어느 한쪽의 종이 된다. *격언*

마음은 마음이 제집이라. 스스로 지옥을 천국으로,
천국을 지옥으로 만들 수 있으리라. *밀턴*

고통도 악도 없는 낙원에 살고 싶은가? 그러면
마음을 자유롭게 하고 사랑으로 가득 채워라.
원하는 천국을 찾을 것이다. *톨스토이*

천국이나 사후세계는 죽음을 두려워하는 사람들을 위해
꾸며낸 동화이며, 우주 밖으로 나가게 되면 그곳에는
천국이 없다는 사실을 알게 된다. *스티븐 호킹*

죽음 뒤 우리를 기다리는 천국은 없으며, 우리가 기술적 난관을
극복하기만 한다면 지금 이곳에 낙원을 건설하고 그 안에서 영원
히 살 수 있다. *유발하라리*

철학 정신이 조금이라도 문제에 부딪쳐 반성한다면,
바로 철학이다.

철학은 망치로 한다. *니체*

철학은 신이 준 최고의 선물이다. *플라톤*

철학이란 가장 위대한 음악이다. *소크라테스*

철학이 없는 영혼은 예속의 굴레를 벗지 못한다. *세네카*

철학에서 무엇을 얻었는가?
자기 자신과 사귀는 능력이다. *안티스테네스*

우리가 철학에 따라 산다면
인생을 번민하지 않고 보낼 수 있다. *키케로*

사랑에서 시작하지 않는 자는
철학이 무엇인지 결코 깨닫지 못할 것이다. *플라톤*

철학의 의미는 삶에서 오는
불안정의 원인을 줄여주는 데에 있다. *크세노 크라테스*

철학하기에 너무 이르다거나 늦었다고 말하는 이는
행복하기 위한 나이가 아직 안 되었다거나
이미 지났다고 말하는 이와 똑같다. *에피쿠로스*

체험 땀과 열정, 기쁨과 희열, 헌신과 보람을 체험하라.

이성이 많은 체험을 거쳐 환상에서 벗어나면
실제의 것을 보게 된다. *그라시안*

기쁨은 자기실현의 목표를 향해 가는 도상에서
우리에게 다가오는 체험이다. *프롬*

가장 장수한 사람이란 가장 많은 세월을 살아온
사람이 아니라 가장 뜻깊은 인생을 체험한 사람입니다. *루소*

인간이란 무엇인가? 체험시간을 조작할 수 있는 힘을 지닌 존재다. 엄청나게 긴 시간을 자신에게 굴복시킬 힘을 가진 존재다.
미셸 세르

체험과 재산을 동시에 소유한다는 것은 어렵다. 영혼의 보다더 높은 비약과 재산을 축적하는 것을 모두 소유하기는 아주 어려운 것이다. *오쇼 라즈니쉬*

세상에 모든 것이 다 즐길 수 있는 것이며, 행복한 체험과 불행한 체험을 구별한다는 것이 거의 허무맹랑한 것이라는 사실을 그는 터득해서 깨닫게 되었다. *토마스 만*

인간은 결국 자기 자신만을 체험하는 존재에 불과하다.
내게 우연한 일들이 닥칠 수 있는 때는 이미 지났다.
이제 와서 나 자신의 것이 아닌 어떤 일이 내게
일어날 수 있겠는가! *니체*

초월 네 안에 초월이 있다. 네 자신이 초월이다.

우주에는 인간의 상상을 초월하는 거대한 마음이 있다.
아인슈타인

자기 자신을 발견하는 사람은
이 세상을 초월해 살아가느니라. *성서*

자연에 순응하고 천명에 편안하게 거하면서
생사를 초월하라. *장자*

마음이 굳건하다면 정복할 것이고
정신이 자유롭다면 초월할 것이다. *헬렌 켈러*

분명히 정신의 자기중심적인 활동을
초월하는 것이 삶의 목적입니다. *크리슈나무르티*

언젠가 당신은 자신을 초월하여 사랑해야 한다.
그러므로 우선은 사랑하는 법을 배우라. *니체*

무릇 인간은 자기에게서 '발견되는' 탁월한 무엇을 통해서, 모든 것을 초월하는 것에 도달하도록 만들어졌다. *아우구스티누스*

탐욕을 오래전부터 미리 마음속에 포박해두고 감시하지 않은 사람은 손만 내밀면 잡을 수 있는 부정한 이익이나 큰 물질적 이익을 초월하기가 쉽지 않다. *플루타르코스*

충고 꼭 필요할 때 충고하고, 조심조심
부드러운 말로 해야 한다.

가장 좋은 충고자는 죽은 사람들, 즉 책이다. *알폰소*

조언함에 있어 거리낌이 없는 그가 진정한 친구이다.
빤짜딴뜨라

적을 만드는 최상의 방법은
초대받지 않은 충고를 하는 것이다. *속담*

크세노폰, 자네에게 충고하지. 언제나 미인을 보면
쏜살같이 도망해야 하네. *크세노폰*

선비에게 바른말로 충고해주는 벗이 있으면
명예가 그의 몸에서 떠나지 않는다. *주희*

무엇이 어려운 일인가? 자기 자신을 아는 것이다.
무엇이 쉬운 일인가? 남에게 충고하는 것이다. *탈레스*

남의 충고에 의해서 받는 빛이 더 맑은 것이고 또 순수해서,
자기 자신의 이해력이나 판단력에서 나오는 것보다 낫다. *베이컨*

임금을 섬김에 번거롭게 자주 간언을 하면
곧 치욕을 당하게 되고, 친구에게 번거롭게
자주 충고를 하면 곧 소원해지게 된다. *공자*

충동 본능적인 충동이 정상의 범위를 넘어서면
사람을 당혹하게 한다.

인간의 삶을 규정짓는 것은 지성이 아니라 충동이다. *니체*

용기 있는 자란 누구인가? 나의 충동을 정복하는 자이다. *미슈나*

가장 위대한 인간이란 가장 다양한
충동을 견딜 수 있는 인간이다. *니체*

최초의 충동은 경계해야 하오.
처음 충동은 대개 선량한 것이니까. *몰리에르*

지식욕, 즉 인식에 대한 충동은 인간 본성의
깊은 곳에 놓여 있다. *요하네스 헤센*

우리의 행동과 사고를 지배하는 동기는
이성이 아닌 인간 내부의 충동적인 힘이다. *프로이트*

사람은 각기 자신의 야심이 크면 클수록 더욱더
명예욕 때문에 쉽게 불의를 저지르도록 충동을 받는다.
키케로

모든 충동이나 욕망은 부적합한 관념들에서 싹트는 한에서
정념이며, 적합한 관념들에 의해 불러일으켜 지거나
발생될 때는 덕이된다. *스피노자*

치유 사람을 치유하는 것은 공감과 사랑이다.

사랑이라는 것이 어디 치유될 수 있는 병입니까? *싸드*

사랑을 치유하기 위한 유일한 방법은 더 많이 사랑하는 것이다.
소로

미움은 미움으로써 사라지지 않으며
다만 사랑에 의해서 치유된다. *붓다*

실제로, 사랑은 우리를 치유하는
가장 강력한 치료제입니다. *케네스 해긴*

열정은 사람들의 삶에 활력을 불어넣고
영감을 주며 치유한다. *존 매킨토시*

기쁨은 인간의 도덕적 본성을 교화하고
치유하는 힘도 가지고 있을 것이다. *니체*

모든 것은 변한다. 그러므로 혼돈(카오스)이란 것은
치유의 성격을 갖는다. *요셉 보이스*

속죄의 원리는 사랑이었고 속죄는 사랑의 행위였다.
속죄는 오직 치유한다. *헬렌 슈크만*

상대방의 기분을 조심해서 존중해 주는 사람은 그렇게
함으로써 자기의 기분을 치유하는 의사가 된다. *알랭*

친구 자기 자신이 제일 가까운 친구요,
  부부도 제일 다정한 친구다.

친구는 시간의 도둑이다. *베이컨*

나를 이해하는 친구가 나를 만든다. *로맹 롤랑*

한 사람의 친한 친구는 백 명의 친척보다 귀하다. *독일 속담*

미래의 적으로써 사랑하라, 미래의 친구로서 미워하라.
비아스

평가하고 나서 친구를 사랑해야지
사랑하고 나서 평가해서는 안 된다. *키케로*

아첨하는 친구가 멸망으로 이끌 듯
비난하는 친구는 흔히 바로잡아줍니다. *아우구스티누스*

친척들 모두가 친구는 아니고, 유익한 것에 관해
같은 견해를 갖는 사람들이 친구다. *탈레스*

친구가 이성이라면 연인은 본능이었다.
본능과 이성은 무게로 측정되는 것이 아니었다. *수메르*

최선의 친구가 최악의 적이 되는 일이 많고,
생각이 깊지 않은 친구처럼 위험한 존재는 없다. *크릴로프*

친절 상대에게 따뜻한 마음과 사랑을 베푸는 사람은
　　　친절하다.

행복한 사람은 친절하다. 불친절한 사람은 불행하다. *윌 보웬*

친절과 상냥스러운 마음을 가진 사람이
사나이다운 사람이다. *오레리아스*

친절하라. 그대가 만나는 사람들은
모두 힘든 싸움을 하고 있으니. *플라톤*

시간을 내 친절을 베풀라. 남에게 베푸는 친절이
그대에게 행복으로 돌아온다. *톨스토이*

상대방이 항상 친절하게 대해 주기를 요구하면
실망할 일이 일어나지 않을 수 없다. *아론 벡*

인간은 사랑하는 것과 친절을 베푸는 것을 배워야 한다.
그것도 젊을 때부터 배워야 한다. *니체*

신들은 우리가 알지 못하는 사이에 우리에게 몇몇 혜택을 주는데,
친절과 착한 행동에서 만족과 기쁨을 얻게 해준다. *플루타르코스*

이상적인 사람은 다른 사람들에게 호의를 베풀어 기쁨을 얻는다.
친절을 베푸는 것은 우월함의 상징이지만 친절을 받는 것은 열등
함의 상징이다. *아리스토텔레스*

침묵 꼭 필요한 말이 아니라면 침묵이 더 값지다.

침묵을 잘 지키는 자를 성인이라고 부른다. *세르반테스*

아무 말도 하지 말아라, 아무것도 되지 않는다면! *나폴레옹*

오래전부터 침묵은 해악에서 나를 지켜주는 약이라오.
아이스퀼로스

인간은 인간에게서는 말을 배우며
신에게서는 침묵을 배운다. *플루타르코스*

경험은 내게 침묵이 진실을 숭배하는
영적인 훈련이라고 가르쳐주었다. *간디*

말하고 행동할 때가 오기까지 침묵을 지키지
못하는 사람은 진정한 사람이 아니다. *칼라일*

당신이 침묵하는 완벽함을 가지고 있지 못하면
당신의 혀를 마비시켜라. *위고*

그대에게 아침과 같이 환한 것만을 이야기하라.
그렇지 않으면 침묵하고 있으라. *유대 경전*

무엇보다도 말한 것을 가끔 후회한 적은 있어도
침묵한 것을 후회한 적은 한 번도 없었다. *시모니데스*

칭찬 상대편의 부족하고 없는 것마저 칭찬하면,
         그가 그것을 채울 것이다.

칭찬은 시체도 벌떡 일으킨다. *속담*

모든 사람은 칭찬을 좋아한다. *링컨*

실제로 결여되어 있는 점을 칭찬하는 것은 아부이다. *베이컨*

칭찬하는 자의 수가 곧 시기하는 자의 수이다.
그것이 대중이다. *세네카*

인간은 항상 외부로부터 칭찬 혹은
찬양을 받으려고 갈망하는 존재다. *파스칼*

사람들에 관해서 그들을 비난하거나
칭찬하는 혹은 비교하는 말을 하지 마라. *에픽테토스*

나에게 어울리지 않는 칭찬보다는, 나에게
도움이 되는 비난 쪽을 고맙게 여겨야 한다. *로슈푸코*

뚜렷이 눈에 보이는 덕성은 칭찬을 가져오지만
숨은 덕성에 있어서는 운을 가져오는 것이다. *베이컨*

다른 사람을 칭찬하는데 인색한 사람은 자기 내면이
얼마나 빈곤하고 황량한지를 드러낼 뿐이다. *플루타르코스*

ㅋ : 키읔편

덕이나 부덕에 해당하는 복리나 역경은
쾌감이나 불쾌함 같은 소감의 명백한 귀결이다.
데이비드 흄

행복이 절정에 이르렀을 때
우리는 가장 큰 쾌락을 맛볼 수 있다. *존 로크*

쾌감 봄의 싱그러움처럼 맑고 순수한 영혼은 은은한
  쾌감을 준다.

육체가 양분을 갈구하듯, 영혼은 쾌감을 갈구한다.
슈테판 츠바이크

덕이나 부덕에 해당하는 복리나 역경은
쾌감이나 불쾌함 같은 소감의 명백한 귀결이다. *흄*

모욕하는 사람이 쾌감을 느끼는 것은 남을 학대할 때
우월감을 느끼기 때문이다. *아리스토텔레스*

유익한 것에 달콤한 것을 가미하여 쾌감과 교훈을 동시에
주는 작가는 만인의 갈채를 받게 될 것입니다. *호라티우스*

어떠한 쾌감도 진리라는 우월한 위치에 서서
아래로 골짜기의 오류와 착란과 안개와 폭풍을
내려다보는 쾌감에 비할 바가 못 된다. *루크레티우스*

분위기만 바꿔도 건강에 유익하다. 쾌감은 효험이 탁월한
원기회복제와도 같다. 사람이 쾌감을 느끼면 혈류속도가
증가하여 각 신체 기관의 성능이 향상된다. *스펜서*

무엇을 배운다는 것은 비단 철학자들뿐만 아니라 그 밖에 다른
사람들에게도 최상의 즐거움이다. 그림을 보고 쾌감을 느끼는 것
은 봄으로써 배우기 때문이다. *아리스토텔레스*

쾌락 육체적인 것이 쾌락이라면, 정신은 열락이다.

쾌락이라고 부르는 것도 결국은 자학이다. *니체*

사람에게 진정한 쾌락은 쾌락에 대한 비웃음일 것이다. *세네카*

쾌락은 몸의 고통이나 마음의 혼란으로부터의 자유이다.
에피쿠로스

쾌락의 노예가 되느니, 차라리 미치광이가 되는 것이 낫다.
안티스테네스

행복이 절정에 이르렀을 때 우리는
가장 큰 쾌락을 맛볼 수 있다. *로크*

남에게 해독을 끼치지 않는 쾌락이라면
무엇이든지 존중해야 한다. *러셀*

자연이 인간에게 준 역병 가운데 쾌락보다
치명적인 것은 없다. *아르퀴타스*

가장 저렴한 것에 의해서도 가장 비싼 것에 의한
것 만큼이나 쾌락이 느껴진다. *에피쿠로스*

자신이 누구인지 알 때 얻는 기쁨이, 가장 고등한 물질문명이 제공할 수 있는 그 모든 쾌락보다 백만 배는 더 크다. *우파니샤드*

ㅌ : 티읕편

탐욕, 야심, 음욕 등은 병으로 간주 되지는 않을지라도 실제로는 광증의 일종이다. *바뤼흐 스피노자*

영혼은 사물에 대한 통찰과 앎 이외의 것에 의해 양식을 얻지 않는다. *아우구스티누스*

탄생 탄생은 새로운 생명의 창조다. 더불어 위대한 창조자다.

인간은 마치 죽을 운명의 신처럼 행동하도록 태어났다.
아리스토텔레스

인간은 춤추는 별을 탄생시키기 위해서는,
언제나 자신의 내면에 혼돈을 간직해야 한다. *니체*

깨달은 자에게는 태어남도 없고 죽음도 없다.
모든 것은 스크린에 비치는 영화와 같다. *조셉 골드스타인*

굳세고, 어렵고, 역경으로 보이는 모든 것들은
우리가 태어날 때 자연으로부터 우리가 부여받은
덕들로써 이길 수 있다고 했네. *키케로*

비행을 저지르고 방탕한 삶을 사는 자는
쾌락에 물들어 탄생하는 것이 아니다. 오히려
그 자신에게 쾌락이 없기에 쾌락을 추구한다. *니체*

탄생은 우리에게 풍요로움과 다양함을 가져왔다. 그리고
다른 탄생들이 우리에게 풍요로움과 다양함을 가져올 것이다.
월트 휘트먼

진화가 없는 생활이란 무의미하다. 인간이 원하는 것은 새로운 탄생이다. 인간은 과거에 사멸하여 장래에 다시 탄생하는 것이다. 인간의 생명은 미래에 있다. *톨스토이*

탐구심 탐구심은 진리와 과학과 자신에 대한 경배다.

나는 생각은 하지 않고 탐구만 했소이다. *빌헬름 뢴트겐*

무엇보다도 인간에게 고유한 것은 진리탐구다. *키케로*

진리는 탐구하는 모든 사람이 궁극에서
일치를 보게 될 견해이다. *찰스 샌더스 퍼스*

발견에 이르는 길은 오직 하나, 바로
자연의 비밀을 간파하는 탐구이다. *듀이*

진리는 탐구할 때 항상 생활도 시작된다.
진리를 찾는 것을 중단하면 곧 생활도 없어진다. *러스킨*

사유하는 인간의 가장 아름다운 행복은
탐구할 수 있는 것은 탐구하고, 탐구할 수
없는 것은 말없이 사모하는 일이다. *괴테*

탐구의 결실을 맺는다면서 정작 탐구하지 않는다면 힘만 빠질 뿐 아무런 소득이 없을 것이다. 일반적 진리는 땀을 흘려야 효용 가치가 영원히 보존되는 법이다. *허버트 스펜서*

과학자는 아주 낭만적인 사람이다. 그들은 크게 성공하기를 기대하며 활기차게 매일 실험실이나 현장으로 향한다. 과학자는 보물을 찾아다니는 탐사자의 형제이다. *에드워드 윌슨*

탐욕 감당할 수준을 넘는 욕구가 넘쳐서 탐욕으로 변한다.

탐욕에 결박당한 중생들은 가여워라! *구루 빠드마쌈바*

지옥으로 가는 길은 탐욕과 사기로 포장되어 있다. *해리 덴트*

탐욕은 은폐된 두려움이며, 두려움은 은폐된 탐욕이다.
오쇼 라즈니시

탐욕은 일체를 얻고자 욕심내어서
도리어 모든 것을 잃어버린다. *몽테뉴*

가장 큰 슬픔은 우리의 과도한 탐욕의
결과라는 것을 늘 간파했죠. *볼테르*

자기 중심성, 혹은 '자기애'라고 부르는 것은
사실 탐욕의 한 형식입니다. *프롬*

탐욕이 큰 재물 위에 걸터앉으면 그 탐욕은 더욱 커진다.
이는 마치 불꽃과 같다. *세네카*

탐욕, 야심, 음욕 등은 병으로 간주 되지는 않을지라도
실제로는 광증의 일종이다. *스피노자*

자신을 망치는 세 가지 지옥의 문이 이것이니,
욕망과 분노와 탐욕이다. *바가바드기타*

통찰 경험의 누적과 전문적 지식이 통찰적 앎에 이르게 한다.

괴로움 속에서도 흔들리지 않으며
즐거움 속에서도 욕망이 사라지고
탐욕과 두려움과 노여움을 떠난 사람은
확고한 통찰을 지닌 성자라 부른다. *바가바드기타*

지혜는 영혼의 자각과 도덕적 책임과 관련된 통찰이다.
알랭 드 보통

혼은 사물에 대한 통찰과 앎 이외의 것에 의해
양식을 얻지 않는다. *아우구스티누스*

사람들은 다른 이의 무한히 높은 완전성을 통찰하지 못하기에
자신의 비천하고 범용한 재능에 만족해 버린다. *그라시안*

예술은 우리를 시험하고 확장시키며 내적인 삶을 깊어지게 하고
우리 자신과 세계에 대한 통찰을 풍부하게 한다. *매슈 키런*

모든 생각이 과거나 미래와 관련된다는 것을 알 수 있을 거요.
당신이 현재를 생각한다면, 그것은 어떻게 미래를 다스릴지 통찰
을 얻으려고 하는 거요. *파스칼*

위대한 통찰은 '세속적인 것의 장엄함', 즉 모든 사물에 깃들어
있는 매우 놀랍고도 의미심장한 아름다움을 감지할 줄 아는 사람
들에게만 찾아온다. *루트 번스타인*

ㅍ : 피읖편

믿음직한 자식들을 정성껏 기르는 일을,
부나 왕궁보다 더 높이 평가한다네. *에우리피데스*

마음의 평온은 우리가 원하기만 하면
즉시 다다를 수 있는 상태이다. *아우렐리우스*

판단　건강한 육체와 평화로운 마음에서 합리적인
　　　　판단이 가능하다.

자기기만이 없는 판단은 있을 수 없다. *헬렌 슈크만*

약한 성격의 소유자는 가혹한 판단을 좋아한다. *니체*

20세에 소중한 것은 의지, 30세에는 기지,
40세에는 판단이다. *벤자민 프랭클린*

최대한 철저하게 조사하지 않고 판단하는 자는
잘못 판단한 죄를 면할 수가 없다. *로크*

아인슈타인도 자신이 내렸던 판단의 99 퍼센트는
틀린 것이었다고 고백했다. *데일 카네기*

행복한 삶이란 올바르고 확고한 판단에 기초하고 있어
동요하는 일이 없는 생활이다. *세네카*

나는 인간의 판단력이 다양한 방법을 통해 그리고 거의 믿을 수 없는 정도까지 편견에 의해 좌우되며, 타인에 의해 지배된다는 사실은 인정한다. *스피노자*

부유하게 하는 것은 사회에서 내가 차지하는 자리가 아니라 나의 판단이다. 판단은 내가 가지고 다닐 수 있다. 판단만이 나의 것이며 누구도 나에게서 떼어낼 수 없다. *에픽테토스*

편견 변화를 거부하는 사람은 누구보다 더 많은 편견을
가지고 있다.

감정은 단지 편견일 뿐 아니라 편견보다
훨씬 강한 그 무엇이다. *볼테르*

굴욕과 모욕과 불쾌한 일을 호되게 겪고 나서야
그 편견을 고치지요. *루소*

편견, 이것이야말로 도둑이야. 악덕, 이것이야말로 살인자야.
큰 위험은 우리들 내부에 있어. *위고*

학자들이란 보통사람보다 편견이 적기는 하지만 대신 그들은 일단 자신이 갖게 된 편견에는 더 강하게 집착한다는 것이다. *루소*

지식은 사람을 온화하게 하고,
이성은 사람을 인류애로 이끈다. 인류애를
버리게 하는 것은 오로지 편견뿐이다. *몽테스키외*

편견 없고 자유로운 영혼의 능력을 지녀라.
이것이 재능의 생명이며 말의 숨결이고
행위의 영혼이며 명예의 장식이다. *그라시안*

가치 있는 것을 만들어 내거나 그런 것에 대해서 말할 능력을 지니지 못한 자들이 다른 사람들의 작품에 대해서 비판하고 편견을 조장하는 일들이 있다. *이소크라테스*

평가 자신의 과거와 현재를 비교하고 평가하라.

부당한 비평을 두려워하지 말라. *로댕*

자기 자신에게 진실하라. 당신의 감정을 평가하라. *앤소니 기든스*

타인을 이렇다 저렇다 판단하지 말 것.
타인을 평가하지도 말 것. *니체*

우리 자신의 평가의 매개를 통하지 않고는
세계를 경험할 수 없다. *에픽테토스*

인간의 힘은 신체의 강건함보다는
정신의 강함으로 평가되어야 한다. *스피노자*

믿음직한 자식들을 정성껏 기르는 일을,
부나 왕궁보다 더 높이 평가한다네. *에우리피데스*

타인의 평가에 민감한 사람일수록 열등감이 심하고
아울러 대화에도 자신이 없다. *조 지라드*

개인들은 인류를 사랑하고 찬양하려는 각자의 능력에
따라서만 평가될 수 있을 것이다. *콩트*

당신은 나를 평가할 자격이 없어요. 당신은 편견으로 가득
차 있고 어느 누구도 사랑하지 않아요. *베르나르 베르베르*

평등 우리는 모두 인간이란 점에서,
　　　개성을 가진다는 점에서 평등하다.

소득과 부의 심각한 불평등이 파국을 부른다. *필립 코틀러*

돈이 인간을 평등하게 하고,
집안과 계급보다 강력하게 되었다. *프롬*

신 앞에서 우리는 모두 평등하게 현명하고
똑같이 어리석다. *아인슈타인*

자연은 인간이 육체적으로나 정신적 능력 면에서
평등하도록 창조했다. *홉스*

자연은 만인에게 평등하게 부여한 것에 있어서,
이를 편파적으로 분배했다는 죄명을 쓰지 않는다. *칸트*

모두가 행복에서 평등하다면,
우린 하늘이 인간에 공평하다고 인정한다. *알렉산더 포프*

모든 사람이 이성을 좇을 때 평등하고 독립적이며, 누구든 생명이나 건강, 자유, 소유물 등을 침해하여서는 안 된다. *로크*

자본주의에 타고난 단점은 축복을 평등하게
공유할 수 없다는 것이고, 사회주의의 타고난 장점은
비참함을 모두 함께 공유한다는 것이다. *처칠*

평온 마음의 평화와 평온이 행복을 보장한다.

절제는 평온과 행복의 유일한 원천이다. *흄*

평온을 볼 수 없는 자는 눈먼 자로다. *토마스 스토러*

지혜와 진실을 음미하기 위해서는
평온한 마음이 필요하지. *아베 프레보*

마음의 평온은 우리가 원하기만 하면
즉시 다다를 수 있는 상태이다. *아우렐리우스*

사람은 나이가 들어도 탐착은 줄지않네 이는 질병이니
탐착을 버리는 자는 평온을 얻는다네. *마하바라타*

성미가 조급하고 마음이 거친 사람은 한 가지 일도
제대로 이룰 수 없으나, 마음이 온화하고 기품이
평온한 사람은 온갖 행복이 절로 모인다. *채근담*

흔들림 없는 평온함, 깊은 평정, 내면적인 명랑함은, 우리가
그 상태를 눈앞에서 보거나 상상해서 본다면 최고로 동경하지
않고는 볼 수 없는 상태이다. *쇼펜하우어*

사랑이 틀림없는 빛이 되고
기쁨이 스스로의 보증일 때,
우리의 나날은 평온하게 빛나고
우리의 천성은 행복해질 것이리. *윌리엄 워즈워스*

평화 영롱한 아침이슬, 명랑한 새소리에 평화가 기지개 켠다.

평화보다 더 높은 행복은 없다. *붓다*

필요하다면 돈으로 평화를 사라. *에라스무스*

좋은 전쟁이나 나쁜 평화라는 것은 있을 수 없다.
벤자민 프랭클린

저마다 가장 오래도록 최선의 인생을
평화롭게 보내야만 합니다. *플라톤*

마음의 평화는 확실한 판단기준에 도달한
사람만이 누릴 수 있다. *세네카*

나 자신 말고는 이 세상 어떤 것도
내게 평화를 가져다줄 수 없다. *에머슨*

보편적 평화야말로 우리 행복으로 정향된 것들 가운데
최선의 것임이 분명하다. *단테*

살고자 한다면 삶을 그냥 내버려 둬라.
평화로운 자는 사는 것만이 아니라 지배한다. *그라시안*

행복은 재산이나 외부의 물질에 있는 것이 아니라
우리 내부, 즉 마음의 평화에 있다. *쇼펜하우어*

품위 품위 있는 인간은 먼저 예의를 갖추고 말과 행동을 서둘지 않는다.

무엇보다 진실한 자아를 가져라. *셰익스피어*

덕성에는 품위, 습속에는 솔직함, 행동에는
예의가 있어야 한다. *몽테스키외*

정신적 품위는 주저 없이 상대방이
좋아하는 것을 말해주는 데 있다. *로슈푸코*

이제 정신 좀 차리고, 대인관계와 품행에 의해
인간의 고결함을 판단하지 않겠소? *에우리피데스*

누군가의 인품을 빨리 알고 싶다면 우유를 한 모금 입에
가득 머금었다가 그에게 뿜어 보라. *제니 홀처*

내면이 보다 깊고 건강하게 성장해 가는 사람일수록 좀처럼
돌발적인 웃음이나 품위 없이 소리 높여 웃지 않는다. *니체*

사랑은 인간을 좀 더 훌륭하고 품위 있으며 타고난
인간 본성을 유감없이 실현하도록 만들곤 했다. *어빙 싱어*

서고 걷고 앉고 기대고 하는 데에서 태도, 표정, 시선,
손의 움직임 등 그야말로 일거수일투족에까지 소위
저 품위를 지키도록 하자. *키케로*

풍요 잘 가꾸고 유지한다면, 이 지구촌에서 인간은 모두 다 풍요로움을 즐길 수 있다.

가능한 한 물질적 풍요를 충족시키려는 마음을 없애야
의미 있고 조화로운 인생을 살 수 있다. *아인슈타인*

경제적 풍요는 극소수 사람들만이 추구하던 자아실현을
거의 모든 사람이 추구할 수 있는 상황으로 변화시켰다.
로보트 포겔

결국 풍요로운 대상물을 찾을 것이 아니라 자신을 풍요롭게 만들어야 한다. 그것만이 자신의 능력을 높이는 최고의 방법이요, 인생을 풍요롭게 살아가는 방법이다. *니체*

사람들이 당신에게 주입한 믿음보다 당신 자신의 생각이 더 중요하다고 결심하는 순간, 풍요를 향한 탐험에 가속이 붙는다. 성공은 외부가 아니라 내면에서 나온다. *에머슨*

불사의 신들에 의해서 인간들의 삶에 주어진 것치고 지혜보다 풍요한 것이 아무것도 없고, 이보다 흥성하는 것이 아무것도 없고, 이보다 훌륭한 것이 아무것도 없다네. *키케로*

우리는 얼마든지 조화와 풍요, 평안한 마음을 얻을 수 있다.
그것은 '생각'만으로도 충분히 가능하다. 만약
인생에서 원치 않는 것이 있다면 생각을 바꾸고
삶의 변화를 지켜보기만 하면 된다. *레오 부스*

ㅎ : 히읗편

아직 무언가 바라고 노력할 것이 남아 있을 때가
그래도 제일 행복한 법이다. *쇼펜하우어*

사람은 하지 않는 일이 있어야 훌륭한 일을 할 수 있다.
맹자

하늘 지고한 하늘의 뜻은 팽개치고,
땅속으로 기어들어 가는가?

하늘은 보다 의로운 쪽에 승리를 준다. *로크*

하늘은 만물을 이롭게 한다. 결코 해치지않는다. *노자*

성실한 것은 하늘의 도다.
성실해지려고 하는 것은 사람의 도다. *중용*

도가 장차 행해지는 것도 하늘의 뜻이고
도가 장차 폐해지는 것도 하늘의 뜻이니. *공자*

언제쯤이면 늘 마음속으로 생각하고 있는,
별이 빛나는 하늘을 그릴 수 있을까? *반 고흐*

책을 읽어 가는 동안, 하늘에서와같이
그의 영혼 속에도 천천히 해가 떠오른다. *위고*

오, 인간 종족은 행복하여라.
하늘을 다스리는 사랑이
너희 마음을 인도한다면! *보에티우스*

우리는 최대한 빠르게 땅에서 하늘로 멀리 날아가야 한다. 가능한 한 멀리 날아가는 것은 신과 같이 되는 것이다. 신처럼 된다는 것은 신성하고, 정당하며, 현명해지는 것이다. *플라톤*

학문

학문은 삶이라는 보물창고를 열 수 있는 열쇠이다.

학문이 깊어지면 마음이 평온하다. *법화경*

학문 없는 경험은, 경험 없는 학문보다 낫다. *크릴로프*

학문의 최대의 적은 자기 마음속에 있는 유혹이다. *처칠*

지성과 도덕과 종교적 훈육을 위한
최고의 학문은 단연 과학이다. *스펜서*

시각은 주위의 분위기에서 빛을 받는데,
혼은 학문에서 빛을 받는 것이다. *아리스토텔레스*

사실 마음속의 어떤 장애나 방해도,
적당한 학문으로 제거할 수 없는 것은 없다. *베이컨*

가장 향기로우며 해가 되지 않는 인생의 길은
학문과 지식이라는 길을 통해 안내된다. *흄*

학문을 통해 의무를 사랑하고 이해할 만큼 사상을 확립하고,
널리 일반원칙의 연구도 생각하라. *베이컨*

더 강조해 두리라. 비길 데 없이 빛을 발하는 본성에 일종의
조직적 훈련과 학문에 의한 도야가 부가된다면 그때야말로
대단하고 훌륭한 재능이 꽃피는 것이다. *키케로*

행동 부모의 관심과 사랑에 의해서 바른 행동이
  형성될 수 있다.

행동이 곧 존재다. *피에르 테브나즈*

행동 하나하나를 인생 전체를 생각해서 해야 한다.
벤자민 프랭클린

당신의 모든 행위가 당신의 머리 위로
되돌아오는 것처럼 행동하라. *월트 휘트먼*

인간의 행동이란 세 가지 중요한 원천, 즉
욕망, 감정 및 지식에서 흘러나온다. *플라톤*

무엇인가를 만들어내는 훌륭한 행동이 아니라면
그것은 행동이라고 말할 수도 없다. *시저*

모든 행동은 그것이 행복을 증진시키는 정도에 따라 옳고,
그 반대로 행복을 줄이는 것에 따라 나쁘다. *밀*

사람들이 정말 용감한 것처럼 행동하면 실제로 용감해지고,
정말 행복한 것처럼 행동하면 진짜 행복해진다. *윌리엄 제임스*

모든 인간은 자신의 직업과 삶을 스스로 결정할 권리를
요구할 수 있고, 이성과 양심에 따라 행동할 수 있는
자유도 누려야 한다. *곰브리치*

행복 관심을 가지면, 사실 행복은 우리 주변에
여기저기서 꽃을 피운다.

인간의 최고선은 행복이다. *아리스토텔레스*

행복은 미덕의 보상이 아니라 미덕 그 자체이다. *스피노자*

역경에서도 생각이 있는 사람은 언제나 행복을 향해 갈 수 있다.
루소

진정한 나의 행복은 나의 생존 그 자체가
되어야 하지 않겠는가? *니체*

어떤 이가 절제 있지도 않고 훌륭하지도 않다면,
그는 행복할 수 없네. *플라톤*

덕은 앎이다. 악덕은 무지에서 생긴다.
유덕한 사람은 행복한 사람이다. *소크라테스*

사람들을 행복하게 해주는 것은 몸도 재물도 아니고,
올바름과 폭넓은 분별력이다. *탈레스*

아직 무언가 바라고 노력할 것이 남아 있을 때가
그래도 제일 행복한 법이다. *쇼펜하우어*

자신의 의무를 완수하려고 힘을 다하는 사람은 인류애, 즉
모든 사람들의 행복에 대한 희망을 눈앞에서 본다. *중국 격언*

행복 우리 각자는 나름대로의 방식대로 행복할 책임이 있다.

자기 자신을 희생하는 것보다 더 큰 행복은 없는 법이다.
도스토예프스키

대부분의 사람들은 자기가 행복하기로
마음먹은 만큼 행복하다. *링컨*

너희는 너희 안에 있는 행복을
어찌하여 밖에서 찾고 있느냐? *보에티우스*

큰 행복을 누리든, 작은 행복을 누리든
즐겁기는 매한가지니까요. *에우리피데스*

우리의 행복은 우리 조상들이
많은 눈물과 피를 흘린 대가이다. *에르네스트 르낭*

다른 사람을 행복하게 하려고 마음을 쓸 때
우리는 자기 자신의 행복을 얻을 수 있다. *플라톤*

현명한 사람은 작은 것에도 행복해질 수 있다. 그러나
우둔한 자는 무엇이 있어도 만족하지 않는다. 이것이
많은 사람들이 비참하게 사는 원인이다. *로슈푸코*

나는 생각하기를, 잘되고자 노력하는 것만큼 잘사는 방법은 없다
고 하겠다. 그리고 실지로 잘되어 감을 느끼는 것만큼 큰 만족은
없을 것이다. 이것이 행복임은 내 양심이 증명해준다. *소크라테스*

행위 기쁨과 즐거움을 일으키는 행위를 찾아 행하라.

반감을 표시하는 일은 자해행위다. *그라시안*

고상한 행위란 가장 이해심 깊게 처신하는 것을 뜻한다.
헤네폴라 구나라타나

삶의 본능이 강요하는 행위가 옳은 행위라는
것에 대한 증거는 바로 기쁨이다. *니체*

악을 행하는 자에 대한 벌은 스스로의
행위에 대한 수치심과 괴로움이다. *인도 성전*

인간의 사고는 거의 타고난 성향에 달렸다.
그러나 행위는 길들이기 나름이다. *베이컨*

용감하고 지혜로운 사람들은 흔히 올바른 행위에 대한
보상보다 올바른 행위 자체를 추구한다. *키케로*

그 사람을 위대하게 만들고 하찮은 이로 만드는 것,
세상에서 그것은 오직 자신 스스로의 행위이다. *빤짜딴뜨라*

명성을 매우 높여 주고, '끊임없는 추천장 같은 것'이라고
할 수 있는 건 좋은 몸가짐을 갖는 것이다. *베이컨*

그 어떤 행위를 하는 것은 쾌락을 위한 것이거나 아니면 수익을
위한 것이거나 아니면 명예를 위한 것입니다. *이소크라테스*

허영심　마음이 허한 사람이 자신을 돋보이게 하기
위해 허영심을 부린다.

인간은 허영을 가진 심정의 존재이다. *파스칼*

사람이란 허영이 꼬리를 흔들지 않으면
거의 입을 열지 않는다. *로슈푸코*

더 적은 것으로 할 수 있는 것을
더 많은 것으로 하는 건 허영이다. *윌리엄 오캄*

허영심은 자기가 마치 위대한 정열을
갖고 있는 것으로 생각하고 싶어 한다. *스탕달*

태초에 허영이 있었다. 얼마나 많은 요리가,
비싸다는 이유만으로 주문되었던가! *베르그송*

신중한 사람은 허영심을 채워주는 화려한 궁전보다
지혜로 가득한 현명한 사람의 집을 자주 방문한다. *그라시안*

언젠가 허영심이 이 세상에서 누군가를 행복한 사람으로 만든
적이 있다면, 그렇게 행복한 사람은 확실히 바보일 것이다. *루소*

마지막으로 없어지고, 인간의 모든 경향 중에서
가장 파괴하기 어렵고, 가장 활동적이며
가장 어리석은 것인 허영심. *쇼펜하우어*

헌신　말 없이 자기를 헌신하는 사람들에게
　　　　높은 경의를 표해야 한다.

헌신은 자유를 준다! *탄트라*

깊은 배려에서 행해지는 세상의 모든 행위가 헌신이 아닐까. *니체*

무언가에 진정으로 헌신하는 순간, 신의 섭리도 함께 움직인다.
헨리 머레이

이 모험의 세기에는, 슬프게도 모두가
모두에게 헌신할 의무가 있다. *위고*

헌신에서 나오는 기쁨, 경외심이 가미된 사랑만큼
강력한 애착도 없다. *스피노자*

그대의 노력으로는 마음의 평화가 이루어지지 않는다.
마음의 평화는 오직 헌신을 통해서만 이루어진다.
스미 라마나 마하리쉬

자신의 믿음에 헌신하는 사람은 겸허하며, 비록 부당한
벌이라 하더라도 겸허하게 받아들여야 합니다.
멸시받은 자들이 높이 들리게 됩니다. *밀란 쿤데라*

자기만을 아끼는 자는 애정이 혼란되어 있다는 비난을
사지 않지만, 헌신의 대상이 언제나 같으므로 결국은
참을 수 없는 권태에 빠지게 마련이다. *러셀*

현명함 똑똑하다고 현명이 아니라 정직하고 바른
것이 현명이다.

나 아닌 다른 누군가의 시각으로 볼수록 더 현명해진다. *그로스만*

현명한 자는 서두르지 않고, 서두르는 자는 현명하지 않다.
린 유탕

신처럼 된다는 것은 신성하고, 정당하며,
현명해지는 것이다. *플라톤*

현명하면서도 어리석어 보이는 것이
가장 이득이 되니 말이오. *아이스퀼로스*

자기를 이기는 것이 가장 현명하며
그 때문에 그를 뛰어난 사람이라고 부른다. *법구경*

입을 다물 때, 어리석은 자는 현명하게 보이고
현명한 자는 어리석게 보인다. *시모니데스*

항상 현명하고 어떤 종류의 광기에도 사로잡히지 않는 인간은,
인류 가운데 단 한 사람도 없을 테니까. *에라스무스*

남을 아는 것을 지식이라 하고 스스로를 아는 것은
현명이라 하며, 남을 이기는 사람은 힘이 있다고 하고
자기 자신을 이기는 사람은 강하다고 한다. *노자*

현자 자기가 누구인지, 무엇에 감사 하는지 아는 자는 현자다.

현자의 입은 마음속에 있고 어리석은 자의
마음은 입안에 있다. *와이드 빌*

현자는 경험에서 배우지만, 진정한 현자는
다른 사람의 경험에서 배운다. *격언*

하지만 더 달콤한 것은 없도다. 현자들의 가르침으로 높은 곳에
잘 구축된 평온한 거처를 취하고 있는 것보다. *루크레티우스*

현자만이 호의를 베풀 줄 안다. 현자는 누군가에게
잘못을 지적당했을 때는 그것을 기쁘게 생각할 것이다.
에피쿠로스

참된 행복이 현자에게 있다고 하는 것도, 현자가
모든 인간 중에서 운으로 빼앗길 수 있는 것을
가장 적게 가졌기 때문이지요. *루소*

현자는 자기에게 이익이 된다고 해서 사람을 사랑하는 것이
아니라 사랑 속에서 행복을 느끼기 때문에 사랑하는 것이다.
인도 격언

현자만이 모든 허영과 오류를 제거하고 단절함으로써
본성의 한계에 만족하고 고통이나 공포가 없는 상태로
살 수 있을 것입니다. *키케로*

현재 밝고 알찬 현재는 빛나고 튼튼한 미래가 된다.

미래는 모두 불확실한 법이니, 현재를 살도록 하라. *세네카*

시간 속에서가 아니라, 오직 현재에 사는
사람만이 행복하다. *비트겐슈타인*

뒤로 미루는 것은 아무것도 하지 않는 대가로
현재를 내놓는 행위다. *웨인 다이어*

행동하라, 살아 있는 현재 속에서 행동하라!
그러니 이제 우리 일어나 무엇이든 하자. *롱펠로*

현재는 부자를 위해서 존재하고 미래는 유덕하고 유능한
인사를 위해서 존재하는 것을 인정해야만 한다. *라 브뤼예르*

물리학을 믿는 나와 같은 사람들은 과거, 현재, 미래의 구별이라
는 단지 고질적인 환상일 뿐이란 사실을 알고 있다. *아인슈타인*

비록 그림 그리는 일이 세상에서 가장 이해받지
못하는 일 중 하나이지만, 저에게는 과거와 현재를
이어주는 유일한 고리거든요. *반 고흐*

우리는 영원한 삶과 현재를 동시에 살아야 한다.
일할 때는 영원히 살 것처럼 하고 남을 대할 때는
오늘 밤에 죽을 것처럼 하라. *톨스토이*

혐오 나에게 작은 반딧불이가 그에게는 번개로 느껴진다.

거짓말은 인간이 저지를 수 있는
가장 혐오스러운 악행이다. *몽테뉴*

악을 혐오하는 데 지나치게 서두르지만 않는다면
악덕은 선에게 굴복하기 마련이다. *세네카*

사람이 어떤 것을 욕구할 때는 사랑한다고 말할 수 있고,
혐오하고 있을 때는 미워한다고 말할 수 있다. *홉스*

고귀하고 관대한 행동만큼 흐뭇하고 아름다운 모습은 없으며,
우리가 가장 혐오하는 것은 잔인하고 배반적인 행동이다. *흄*

자기 문제를 홀로 직시하지 않으려고 다른 사람의 문제를
끌어들이는 것보다 더 혐오스런 일이 있을까?
알랭 드 보통

비천한 자가 뛰어난 자를 지배하고 우둔한 자가 지혜로운 자에게
명령을 내리는 일을 보면 마음에 혐오스러움을 느껴야 한다.
이소크라테스

갈망하지도 않고 혐오하지도 않는
그를 일컬어, 영원히 자유롭다고 한다.
양극을 초월한 자는
갈등에서 쉽게 풀려나기 때문이다. *바가바드기타*

호기심 관심 분야가 아닌 쓸데없는 호기심은 극복
해야 한다.

주교로 말하면, 호기심이란 죄에 가까운 것이다. *위고*

호기심에서 경솔함으로 가는 길은 미끄러운 경사길이다.
베르그송

매우 섬세한 재질을 가진 사람은
호기심과 편견에 사로잡히기 쉽다. *스탕달*

'호기심'이란 인간의 본성이 아닌
여자들의 나쁜 속성일 뿐이었다. *페터 한트케*

인간의 천박한 호기심을 삶으로부터
멀리 쫓아버리려는 수많은 방편. *보리스 파스테르나크*

진정한 감정에 의해 훈련된 현대 이성은 이제부터
무한한 호기심을 현명하게 조절할 수 있게 될 것이다. *콩트*

경솔함, 수다스러움, 어리석은 허영심과 헛된 호기심,
그런 것들은 아주 밀접한 관계가 있다.
그것들은 모두 한 집안의 자식들이다. *라퐁텐*

호기심은 허영에 지나지 않는다. 대개의 경우, 인간이
알고자 하는 것은 그것을 얘기하고자 하는 것에 있다. *크릴로프*

화 화가 난다고 함부로 행동한다면,
　　잠시 동물성을 보인 것이다.

화를 내고 있을 때 비밀이 드러나지 않도록 해야 한다. *베이컨*

화가 나면 열까지 세라. 정말로 화가 나면 욕을 해라.
마크 트웨인

명예욕이 있는 사람보다 더 화를 잘 내는 사람은 없네.
플루타르코스

네가 틀렸다면 화낼 자격이 없고,
네가 맞다면 화낼 이유가 없다. *간디*

자만심이 모욕당하면 화가 나게 마련이며,
화에 다른 원천은 전혀 없다. *볼테르*

화는 바보들의 가슴속에나 존재한다. 화도
어린아이처럼 달래줘야 하는 에너지 덩어리다. *아인슈타인*

가장 화를 잘 내는 것은 어린아이와 노인과 환자이다.
주로 허약한 사람은 본성적으로 불평을 하게 마련이다. *세네카*

여자나 남자나 벌컥 화를 내는 사람이 영리하면서도
말이 없는 사람보다 감시하기가 더 쉬운 법이니까요.
에우리피데스

환경　어디에 사느냐 누구와 어울리느냐는 매우
　　　　중요한 일이다.

우리는 우리를 둘러싼 환경으로부터 지식을 흡수한다. *로크*

행복은 환경, 운, 머리가 아니라
상황을 바라보는 시각이 결정한다. *루보미르스키*

신의 의지는 무제약적이다. 인간 역시 환경에
지배받지 않는 의지의 자유를 누린다. *오컴*

천재가 1 퍼센트의 영감, 70 퍼센트의 땀, 29 퍼센트의
'좋은 환경과 가르침'으로 만들어진다. *앤더스 에릭슨*

사색을 하는 동안 인간은 신과 같이 된다.
행동과 욕망에서는 환경의 노예일 뿐이다. *윌리엄 러셀*

성공한 사람은 힘차게 일어나 자신이 원하는 환경을 찾는다.
그리고 그런 환경을 찾을 수 없다면 직접 만든다.
조지 버나드쇼

현자는 순조로운 환경이라고 기뻐 날뛰지도 않고,
역경이라고 의기소침하지도 않습니다. 왜냐하면,
현자는 가능한 한 많은 것을 자신의 내부에 두고,
스스로에게서 기쁨을 얻으려 언제나 노력하기 때문입니다.
세네카

활력 기쁘고 건강한 웃음이 사람에게 활력을 불러일으킨다.

말이 많으면 생명력이 빨리 소진한다. *노자*

사려 깊음이나 자제심이 있어야
활력 넘치는 독립적인 성격이 만들어진다. *밀*

사람은 온 마음으로 일에 몰두하고
최선을 다할 때 활기를 얻고 즐거워진다. *에머슨*

활기를 해치는 행복은 몰아내는 것이 좋다.
인간의 마음은 행복에 의해 유약해진다. *세네카*

군중을 활기차게 하기 위해서는 실감할 수 있는
애정의 대상과 미움의 대상이 있어야 한다. *톨스토이*

재물이 없으면 머뭇거리게 되고, 머뭇거림에 파묻히면
활력을 잃어버리게 된다. *빤짜딴뜨라*

결혼은 인간의 모든 공감들 가운데 가장 순수하고
가장 활기찬 것들을 발전시킴으로써 마음의 교육을
완성하고 강화하는 것이다. *콩트*

의도가 선하고 이롭고 친절한 마음의 태도가 높이
존경받게 된 것은 그 유용성 때문이 아니다. 남에게
활력을 베풀 수 있기 때문에 높이 평가받는다. *니체*

회의 긍정적인 회의는 반성이다.
부정적인 회의는 나락으로 안내한다.

위대한 정신들은 회의주의자다. *니체*

뛰어난 두뇌에게 회의는 얼마나 좋은 베개인가. *몽테뉴*

회의하라, 질문하라, 그것이 철학의 출발점이다. *소크라테스*

정신의 강력함에서, 정신의 힘과 힘의 넘침에서 나오는
자유는 회의를 통해 입증된다. *니체*

진리를 회의하는 모든 사람은 그가 회의하지 아니하는
진리를 자신 속에 지니고 있다. *아우구스티누스*

회의주의자는 잘못을 저지르지 않으려고만 조심하기 때문에 오히려 조심성이 덜한 사람들은 믿게 마련인 여러 가지 진리를 저버리게 되는 것이다. *러셀*

인간해방은 자유로운 회의, 즉 생각과 엄격한 판단에서 비롯된다. 무엇보다 참된 진리를 발견하려고 노력하는 것이 중요하다. *알랭*

우리가 살아가야 할 이유를 알게 되고 자신이 무의미하고
소모적인 존재가 아니라 무언가 도움이 될 수도 있는
존재임을 깨닫게 되는 것은, 다른 사람들과 더불어
살아가면서 사랑을 느낄 때인 것 같다. *반 고흐*

후회 후회할 일을 만들지 말고, 만들었다면
　　　만회하는 노력을 하라.

결정이 빠르면 후회도 빠르다. *속담*

후회는 우리 자신의 의지의 부정이다. *몽테뉴*

자기의 행위를 후회하는 사람은
이중으로 약하고 건전치 못하다. *스피노자*

그대가 하는 모든 일을 상의하라. 그리하면
절대 후회하지 않을 것인즉. *솔로몬*

후회를 지혜롭게 이용하라. 깊이 후회한다는 것은
새로운 삶을 산다는 것이다. *소로*

혜안을 가진 사람만이 어떤 일을 하든 만족하고,
어리석은 사람은 어떤 일을 하든 후회한다. *그라시안*

한번 마음을 먹었다면 주저하지 말고 나아가라
뒤돌아보지 마라 너의 젊음을 마음껏 펼쳐라,
한 번 가면 다시 오지 않을지니 후회하지 마라. *카잔차키스*

후회한다는 것은 하나의 어리석음에 또 다른 어리석음을
더하는 것이라고. 어떤 실패를 저질렀을 때는, 다음번에는
좋은 일을 하도록 마음먹어야 한다. *니체*

훌륭함   훌륭한 사람은 자기 관리에 철저하며
　　　　　남을 이롭게 하는 사람이다.

하지 않는 일이 있어야 훌륭한 일을 할 수 있다. *맹자*

아름다움(도덕적 훌륭함)이란 절제의 (꽃을 피우는) 꽃이다. *제논*

자신이 최대한 훌륭하고 지혜로워지도록
자기 자신을 돌보라. *소크라테스*

경멸의 반대인 칭찬은 사실 솔직하고
훌륭한 기질의 징조이다. *플루타르코스*

나쁨은 노예에게 적합한 것일세.
훌륭함은 자유인에게 적합한 것일세. *플라톤*

훌륭한 예절과 부드러운 언행으로
수많은 난제를 해결할 수 있었다. *존 밴브루*

그러면 그대는 왜 살아 있는가.
훌륭하게 살 생각이 그대에게 없다면. *디오게네스*

훌륭한 마음을 갖는 것만으로는 충분치 않다.
중요한 것은 마음을 잘 쓰는 것이다. *데카르트*

선한 일에 기뻐하고 사리에 어긋나는 일에 분개하는 것이
훌륭한 교육을 받은 자의 마음 자세라네. *키케로*

휴식 아, 휴식의 달콤함이여. 그대는 열정을 다해
사랑을 실천했노라.

지극한 정성은 쉼이 없다. *중용*

인간의 모든 불행은 단 한 가지, 고요한 방에 들어앉아
휴식할 줄 모른다는 데서 비롯한다. *파스칼*

아무 일도 하지 않는 장소로서의 천국 개념은
휴식밖에는 더 원치 않는 괴로운 노동자의 개념이라고도
말할 수 있을 것이다. *마르크스*

육체적인 노동 없이는 휴식의 기쁨도 없다. 도덕적인 노력
없이는 생활 인식의 기쁨도 있을 수 없는 것이다. *톨스토이*

쾌락은 불쾌함에서 생긴다. 병은 건강을 쾌적한 것으로
느끼게 해주며, 배고픔은 배부름을, 피로는 휴식을 쾌적한
것으로 느끼게 해준다. *헤라클레이토스*

한 사람이 인애 가운데 행동하고, 하늘의 뜻 가운데 휴식하며,
진리의 축을 따라 회전하는 성품을 지녔다면 그는 이미
지상의 천국에 있는 것이다. *베이컨*

얄궂은 운명, 목표는 수시로 바뀌어,
아무 데도 없는가 하면 어디에나 있을 수도 있고!
'인간'은 결코 지칠 줄 모르는 희망을 품고,
휴식을 찾아 미친놈처럼 달린다. *보들레르*

흥미 놀이와 일, 취미의 흥미보다는
지적인 흥미가 더 감미롭다.

영리한 사람과는 얘기를 나누는 것도 흥미롭다.
도스토예프스키

당신이 참으로 흥미를 느끼는 일만이
실제로 행복에 도움을 주는 것이다. *러셀*

사람이 조금 더 성숙해지면, 진짜와 진리가 가진
흥미로움을 사랑하게 된다. *니체*

내 인생의 진정한 흥미를 결코
이해하지 못할 여자를 과연 사랑할 수 있는가? *톨스토이*

나는 내 일에 흥미가 있고 그것이 인생 아닌가. 그런 것 없이 다
만 존재하는 다른 사람들은 차라리 무덤으로 가라고 하라. *예이츠*

생명력이 왕성하여 여러 방면에 흥미를 갖고 있는 사람은
어떤 불행이 닥쳐오더라도 인생과 세계에 대한 넓고 건전한
흥미로써 이를 능히 극복해 나간다. *러셀*

자녀가 텔레비전을 너무 많이 볼 때 생기는 결과 차츰
수동적인 자세를 보이고 다른 활동에 흥미를 잃으며
쉽게 지루해한다. 집중력이 지속되는 시간이 아주 짧아지고
삶에 대한 불만을 수시로 표현한다. *사라 벤 브레스낙*

힘 스스로 생각하는 힘이 모든 일의 시작이자 전부이다.

아는 것이 힘이다. *베이컨*

진정한 힘은 창조력이다. *노아 와인버그*

토의는 인간의 고유한 것이고 힘은 야수의 고유한 것이다. *키케로*

강함은 육체적인 힘에서 오는 것이 아니다.
그것은 불굴의 의지에서 나온다. *간디*

남의 힘에 의지하는 모든 일은 불행이요,
스스로의 힘으로 하는 일은 행복이다. *마누법전*

삶, 즉 사랑의 힘, 기쁨의 힘, 감탄의 힘을 모두
포함하는 삶 외에 다른 부는 없다. *존 러스킨*

겸허한 사랑은 강력한 힘 중에서도 가장 무서운 힘이며
그에 맞먹을 것은 아무것도 없다. *도스토예프스키*

할 수 있거나 꿈꿀 수 있는 게 무엇이건 당장 시작하라.
대담성에는 천재성과 힘과 마법이 들어있다. *괴테*

훌륭한 사람은 결코 단호한 결심을 변함없이 유지하며,
삶의 방식에도 이를 반영하기 때문에 운명이 그에게
어떤 힘도 발휘하지 못한다. *마키아벨리*

힘 한 방울의 물이, 한 줌의 햇볕이, 한줄기의 바람이 되어라.

즐거움이란 힘의 표시이다. *아리스토텔레스*

우리 인간들에게 부족한 것은 힘보다는 의지이다. *로슈푸코*

당신이 하는 모든 생각은 실체이며, 끌어당기는 힘이다.
프렌티스 멀포드

우리의 힘은 칼에 있는 게 아니라 지적인 역량에 달려 있다.
안데르센

너희 힘 있는 자들아 내가 한 일을 보라, 그리고 절망하라!
람세스 2세

가장 괴로울 때 해야 할 일을
발견하는 힘이 자기 속에 있다. *톨스토이*

꿈의 실현이야말로 당신이 가진
온 힘으로 이루어 내야하는 것이다. *니체*

힘과 자유가 훌륭한 인간을 만든다.
약함과 예속은 악한 자들만 만들어낸다. *루소*

감정을 파괴하려는 헛된 노력에
힘을 낭비하지 말고 감정을 이용하라. *빌프레도 파레토*

희망 희망은 끝까지 놓지 않고 붙잡아야 하는 유일한 가치다.

선한 희망이 미천한 소유보다 낫다. *세르반테스*

희망은 우리를 실망시키지 않는다. *알랭 바디우*

그대가 가진 최고의 희망을 신성한 것으로 간직하게나! *니체*

정신, 정신만이 빛이고 희망이고 생명이고 힘이다! *헬렌 켈러*

내 비장의 무기는 아직 손안에 있다. 그것은 희망이다. *나폴레옹*

신성한 암흑 속에는 언제나 광명이 깃들어 있게 마련이다. *위고*

사랑은 희망을 먹고 산다고 하지.
희망이 사라지면 사랑도 함께 죽는 법. *피에르 코르네유*

가장 용감한 자는 시종일관 희망을 믿는 자며,
절망은 비겁자나 하는 짓이지. *에우리피데스*

아마도 우리는 새로운 사랑, 새로운 웃음, 새로운 신에 대해서
넘치는 희망을 갖고 있는지 모른다. *볼프강 보르헤르트*

행복이 미래 속에 있는 것처럼 여겨질 때는 잘 생각해 보라.
그것은 이미 당신이 행복을 지니고 있다는 표시이다.
희망이 있다는 것 자체가 바로 행복을 뜻한다. *알랭*

마치며

책을 읽는 기간이 꽤 오래 걸린다. 10여년, 그리고 발췌한 글귀들을 다시 읽고 그 중에서 가장 좋은 말들을 골라내고 편집하고, 거기에도 1년 가까이 지나가버린다.

책을 만들어낸다는 사실은 정말로 집 한 채가 아니라 조그만 성을 쌓는 노력을 들인다는 말을 해야 옳을 것이다. 이렇게 편집만 하는 데도 많은 시간과 에너지가 들어가다니.

좋은 책에 빠져있다는 것은 다른 어떤 행위를 할 때 얻는 기쁨보다도 더 큰 즐거움을 안겨준다. 나를 다시 발견하고 세상을 파악하고 진리에 다가서게 하기 때문이다. 그리고 그러한 좋은 책을 만드는 일은 후손들을 위한 각고의 노력이라고 본다.

그들의 인류애 즉, 후손들을 위한 사랑이 없다면 알고 있는 사실들, 훌륭한 사상들을 애써서 글로 남길 이유가 초라해진다.

지구상에 얼마 남지 않은 인디언들이 비슷한 역사 시간대를 거쳐왔음에도 발전이 뒤쳐진 이유는 글이 없었기 때문이고 선조들이 알았던 지혜를 제대로 전수 받지 못한 때문이라고 한다.

다시한번 고전에서 멋진 금언들을 모을 수 있게 해준 현자들에게 깊은 감사를 드린다. 아울러 그러한 글들과 함께했던 시간들이 너무 고맙고 행복한 시간이었다.

아울러, 일러스트를 맡아준 김태정 양에게 감사드리며, 이제 다 커버렸지만, 이러한 격언들의 가르침이 필요했던 아이들에게, 가까이서 응원해준 사랑하는 사람에게 고맙다는 말을 전하고 싶다.

더불어 이 책이 만들어지는 동안 지켜봐 주신 모든 분들께 감사를 드리며, 바른북스 출판사의 적극적인 협조와 성공적 출판에 감사를 드립니다.

감사합니다.

우스톤 박(Woostone Park).

참고도서

호메로스의 일리아드 외

책에 인용한 모든 격언의 출처 및 참고도서는 편저자의 블로그 https://blog.naver.com/buffeett를 참조해 주시기 바랍니다.

블로그에서 검색란에 찾을 문구 일부를 넣고 검색하시면 됩니다.